図解

「話し方」で成功する人と失敗する人の習慣

The Habits of great & poor communicators

PROLOGUE

はじめに

「話し方で成功する人」になれば、人づき合いが上手になる、……だけではない。

「気を使いすぎるのをやめたい」
「初対面で何を話せばいいの？」
「人見知りで緊張してしまう」
「合わない上司がいて死ぬほどストレスを感じる」
「言いたいことを言えない自分が嫌」

もしあなたが、このような悩みをお持ちだとしたら、人生のほとんどで損をしています。なぜなら、**仕事、お金、運は、人が運んでくれるもの**だからです。

コミュニケーションに関する指導を長年やってきて思うのは、仕事の悩み、家庭の悩み、お金の悩みは、**コミュニケーションのちょっとしたコツを知らないだけで生まれる**ということです。

でも、こんなことを書いている私自身も、人間関係がとても苦手でした。

小学生のときから人見知りで、青森から東京に上京した頃は、ますます自己表現ができなくなっていました。

ひょんなことから営業の仕事をするようになったのですが、雑談の一つもできないような人間がうまくいくはずもありません。だから、いつもお金にも困っていました。

初対面が苦手なので友人も少なく、恋愛でも「何を考えているのかよくわからない人」と言われて、フラれることもしょっちゅうでした。

or communicators

する人になれば…

大きく変わる。

自分とのコミュニケーションを変えよう！

そんなダメダメだった私が、30歳でNLPという心理学を学ぶと奇跡が起きたのです。

万年ヒラ社員でいつもクビギリギリの営業成績だったのに、たった1カ月で全国のトップセールスになり、表彰されました。その後、1年ほどで万年ヒラ社員から支店長になり、さらに全国の社員をトレーニングする立場に昇進したのです。

なによりも、苦手な人がいなくなり、人づき合いが上手になり、人と関わるのが大好きになりました。

対人関係には、基本的な技術があります。私はそれを知らなくて30年間も損をしていました。その技術を身につけることで、仕事もプライベートも変わりましたが、実はもっと大事なことがあります。

それは、**自分とのコミュニケーション**です。自分自身とどんな会話をしているかが、人生を決めています。私は、自分との会話が変わり、「自分はこれでいいんだ」という自己重要感が高まったおかげで、人生が激変しました。

自分を受け入れて好きになると、嫌いな人がどんどんいなくなります。

さらに、夢や目標など一切持てなかった私が、自分に期待できるようになって、夢や目標を持てるようになりました。「将来は、自分と同じようにコミュニケーションで悩んでいる人の役に立ちたい」「コミュニケーションで悩む人を日本からゼロにしよう」という目標に向い始めたら、道がどんどん拓けていきました。

現在はセミナー講師として独立し、本書で17冊目の出版ができました。人生が変わったと感謝してくれる方も多くいらっしゃいます。

本書で紹介しているコツや習慣は、**実証済みの心理学をベースにしたノウハウ**です。しっかり取り組んでいただくことで、必ず効果が現れます。すると、**あなたの人生はどんどん動き始めます。**

本書が、あなたの人生を変える1冊になることを願っています。

The Habits of great & po

話し方で成功

自分の人生が

The Habits of great & poor communicators

図解 話し方で成功する人と失敗する人の習慣

CONTENTS

CHAPTER 03 信頼されるようになる「距離の縮め方」編

CHAPTER 04 できる人に思われる、わかりやすい「伝え方」編

CHAPTER 05 仕事がうまくいく「話し方」編

CHAPTER 06 コミュニケーションがうまくいく「メンタル」編

CHAPTER 07 成功する人の「口癖」編

●カバーデザイン／小野光一（OAK）
●本文デザイン・DTP／斎藤 充（クロロス）
●編集協力／藤吉 豊（クロロス）、岸並 徹、斎藤菜穂子

CHAPTER 01

話し方で「成功する人」と「失敗する人」の習慣

どんな相手でも盛り上がる「話し方」編

The Habits of great & poor communicators

01

成功する人は　相手からおもしろい話を引き出す。

失敗する人は　おもしろい話をしようとする。

おもしろい話を相手にしてもらう「2つ」の方法
1 オウム返しで言葉を繰り返す
昨日、間違えて逆方向の電車に乗ってしまって…
えへへ
あれまあ！
昨日、間違えて、逆方向の電車に乗っちゃったの！
2 大きなリアクションをする
あはははッ　わはははッ　ホントですか？
くっくっくっ
笑いすぎてお腹がいたい！
話し方で成功する人は、リアクションがとてもうまい！

成功する人は、おもしろい話を相手にしてもらうのがうまい

知らない人との会話は、なぜ、あれほど苦痛なのでしょう？

それは、**多かれ少なかれ、相手の評価が気になる**からです。

相手を怒らせたらどうしよう、つまらない顔や不機嫌な顔をされたらどうしよう。そんな風に考えると、恐くなってしまうのです。

初対面で緊張する人の多くが、

- 自分が話さないといけない
- おもしろくないといけない
- 役立つ話をしなければならない
- 楽しませなければならない

といった、呪縛にとらわれています。つまり、**相手から低い評価をされないようにするには、気の効いたことを言わなければいけない。何か、おもしろいことを言わなければいけない。そんな勘違いが、余計に「イタいパターン」をつくってしまう**のです。

イタいパターンになるのは、**相手の喜ぶポイントを知ろうとせず、自分の持ちネタを繰り出す**からで

す。受けそうなネタを必死に準備して、そのお披露目をすることに一生懸命になりすぎるため、相手の反応が見えなくなります。

　話し方で成功する人は、おもしろい話をしようとしません。おもしろい話を相手にしてもらうのがうまいのです。

「オウム返し」と「リアクション」が笑いを生み出す

　明石家さんまさんは、素人の人たちが言った何気ない一言を、笑いに変える天才です。どのようにして笑いに変えているかというと、ひとつは**オウム返し**です。

　相手の言葉をただ繰り返すだけ。これだけで、笑いに変えています。

　もうひとつは、**大きなリアクション**です。大笑いしながら、机をたたいたり、床に転がったりすることで、ちょっとしたことをおもしろい話に生まれ変わらせます。

　相手の話をおもしろくできるかどうかは、あなたのリアクションしだいです。おもしろい話ができた相手は気分が良くなります。そして、あなたに好印象を持ちます。

　成功する人は、相手におもしろい話をさせるのがうまいのです。

話し方で成功する 3 POINT

1. 相手の喜ぶポイントに会話を合わせていく
2. 相手に「おもしろい話」をしてもらう
3. オウム返しと大きなリアクションで笑いに変える

「相手の喜ぶポイント」に合わせて話をする

× 失敗する人

自分の持ちネタを繰り出してしまう

◎ 成功する人

おもしろい話を相手にしてもらう

02

成功する人は「ダメな自分」を話す。
失敗する人は「できる自分」を話す。

自己肯定感が高い人は、自分の弱みを隠そうとしない

話し方で人を惹きつける人は、とてもさわやかです。

そのさわやかさは、どこからくるのかというと、自己肯定感です。**自分の欠点を認めて、自分を受け入れているから、すがすがしさを感じます。**

自己肯定感が高い人は、自分の弱みを隠そうとしません。だから、自分のドジ話など、自己開示することに躊躇がないのです。

逆に、**自分に自信がない人は、自己肯定感が低い**です。だから、自分の欠点や弱さを隠そうとします。気にしている部分に触れられるのが何よりも嫌で、そういったことを気にしていることさえ、悟られたくありません。

このような人を相手にすると、腫れ物を扱うような慎重さが必要になり、相手をする人は、気疲れしてしまいます。ある意味こういったタイプは、「かっこつけすぎ」で、本人自身も気疲れしています。

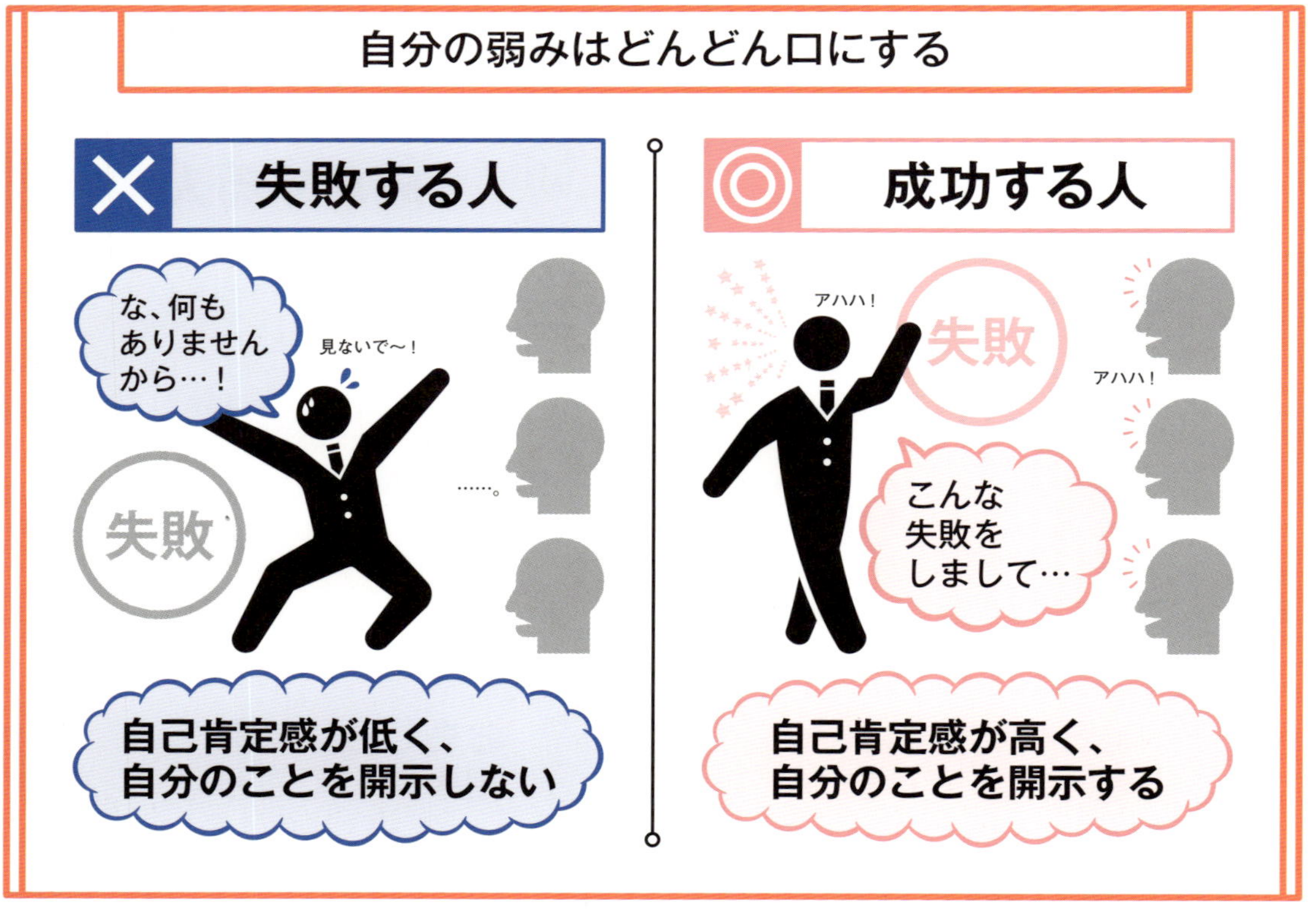
自分の弱みはどんどん口にする
失敗する人
な、何もありませんから…！
見ないで～！
失敗
……。
自己肯定感が低く、自分のことを開示しない
成功する人
アハハ！
失敗
アハハ！
こんな失敗をしまして…
自己肯定感が高く、自分のことを開示する

ダメっぷりを暴露すると、親しみやすさ満点

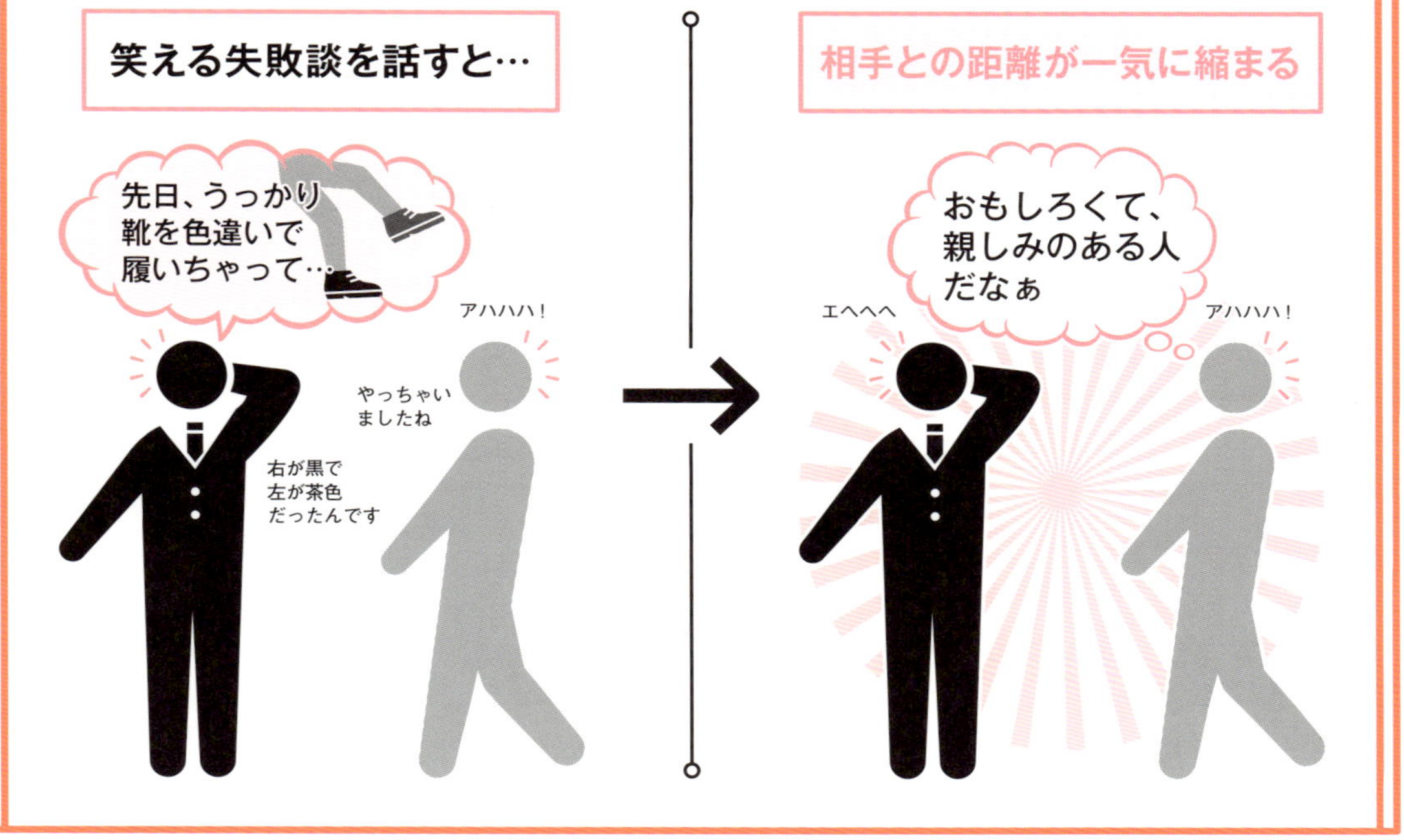

人間関係を築くには、自分のことを開示するのが近道

人間関係を築くには、自分のことを開示していくのが近道です。自分のダメっぷり、弱みなどは、どんどん口にしましょう。

例えばこんな風に、ダメっぷりを暴露すると、親しみやすさ満点でしょう。

「先日、客先へ直行したときの話なんですけど、急いで家を出ましてね、お客さんの会社に到着してあいさつしたら、とんでもないことに気づいたんですよ」

「ええっ？　何に気づいたんですか？」

「足元を見たら、右の靴が黒で、左の靴が茶色だったんですよ！」

「うわー、それはやっちゃいましたね」

「そうですよ。本当、考えられないドジをやっちゃいまして！　でも、笑いが取れて、契約をいただきましたけど」

このように、**笑える失敗談を話すことで、相手との距離が一気に縮まります。**

自分の笑える失敗談は、一度、紙に書き出してリストにしておくといいでしょう。

必見！お役立ち COLUMN

傷つくことを自分で言えたとき、本当に強くなれる

あなたは、何と言われたら一番傷つきますか？　今の私なら何を言われても平気ですが、思い起こしてみると、「せこい」「しょぼい」と言われないために、無理をしていた時期があります。

でも、「私、せこいってよく言われるんですよ」と笑いながら言っているうちに、どうでもよくなりました。他人に言われたくないことを自分で言えるようになったときが、本当の強さを身につけたときです。

CHAPTER 01
The Habits of great & poor communicators

03

成功する人は八方美人。失敗する人はぶっきらぼう。

会話で最も影響が大きいのは顔の表情

人は中身だ…
恥ずかしい…
笑顔がなくて無表情な人は、損な人生を送ることになります！
不機嫌なのかな
無愛想だなぁ

無表情な人は、「無愛想」「不機嫌そう」と思われる

相手と会話をする上で影響力が大きいのは、言葉ではなくボディーランゲージです。その中でも、**最も影響が大きいのが顔の表情**です。

表情筋は、30種類以上もの筋肉で成り立っており、これらの複雑な動きによって感情が表れます。

しかし、

「ぶっきらぼうだ」

「いつも機嫌が悪そうだね」

と言われる人は、表情筋が使わないうちに固まってしまったのかもしれません。だとすれば、とても損な人生を送ることになります。

笑顔がなくて無表情だと、無愛想とか不機嫌そうと見られてしまいます。そんな人に「笑顔が大事です」と言うと、次のような反論をされることがあります。

「八方美人だと思われたくない」

「人は中身だと思います」

「恥ずかしい」

これらは、「自分がどう扱われる

か」ということばかり気になっている状態です。意識の矢印が自分にしか向いていないのです。しかし、人は自分のことばかり考えている人よりも、**相手のことを思いやってくれる人とコミュニケーションを取りたい**のです。

笑顔は、相手を受け入れることを表す一番のサイン

あなたの心が、常に晴れ晴れとして、いつもさわやかだとしましょう。そうだとしても、それが表面に見えなかったら、相手には伝わりません。

「初対面で最も印象がいい人はどんな人か」というアンケートの答えでダントツ1位は、「笑顔で接してくれる人」です。

笑顔は、「相手を受け入れています」ということを表す一番のサインです。笑顔は自分のためではなく、相手のためなのです。

あなたの笑顔を見たいと思う人は、たくさんいるはずです。まずは、家族に笑顔で接することからはじめましょう。それができたら、次は職場です。効果は絶大。**あなたの笑顔だけで、周りは気分が良くなり、幸せになる**でしょう。

必見！お役立ち COLUMN

深い話をするには、話を概念的な内容にする

話し方を工夫すれば、外見に関係なく軽く見られないようにできます。そのためには、雑談などでも深い話をして、話を概念的な内容にしていきます。

例えば、「あの話題のドラマを見た？」の質問には、「見たよ！あの主人公の女の子、かわいいよね」ではなく、「うん、見た。あの人間観って深いよね。人としての在り方に感動したよ」という具合です。物事を高い視点から見るようにします。

笑顔は自分のためではなく、相手のため

04

成功する人は 相手の価値観をほめる。
失敗する人は 見た目をほめる。

「ほめ上手」が、素晴らしい人間関係を築く

素晴らしい人間関係を築いている人に共通するのは、とにかく「ほめ上手である」ということです。

ほめようと思ってほめているというよりは、**自然に相手のいいところを見つけて、それを口にしている**という感じがあります。

カリスマ経営者の松下幸之助が、こんな言葉を残しています。

「人の悪いところしか見えないのは三流。人のいいところも見えるが、悪いところも見えるのが二流。人のいいところしか見えないのが一流」。**相手のいい部分を引き出せるのが一流**ということです。

意識のレベルの上位レベルをほめる

意識のレベルには5つの段階があり、心理学では「ニューロ・ロジカル・レベル」と呼びます。心をつかむなら、その上位レベルを

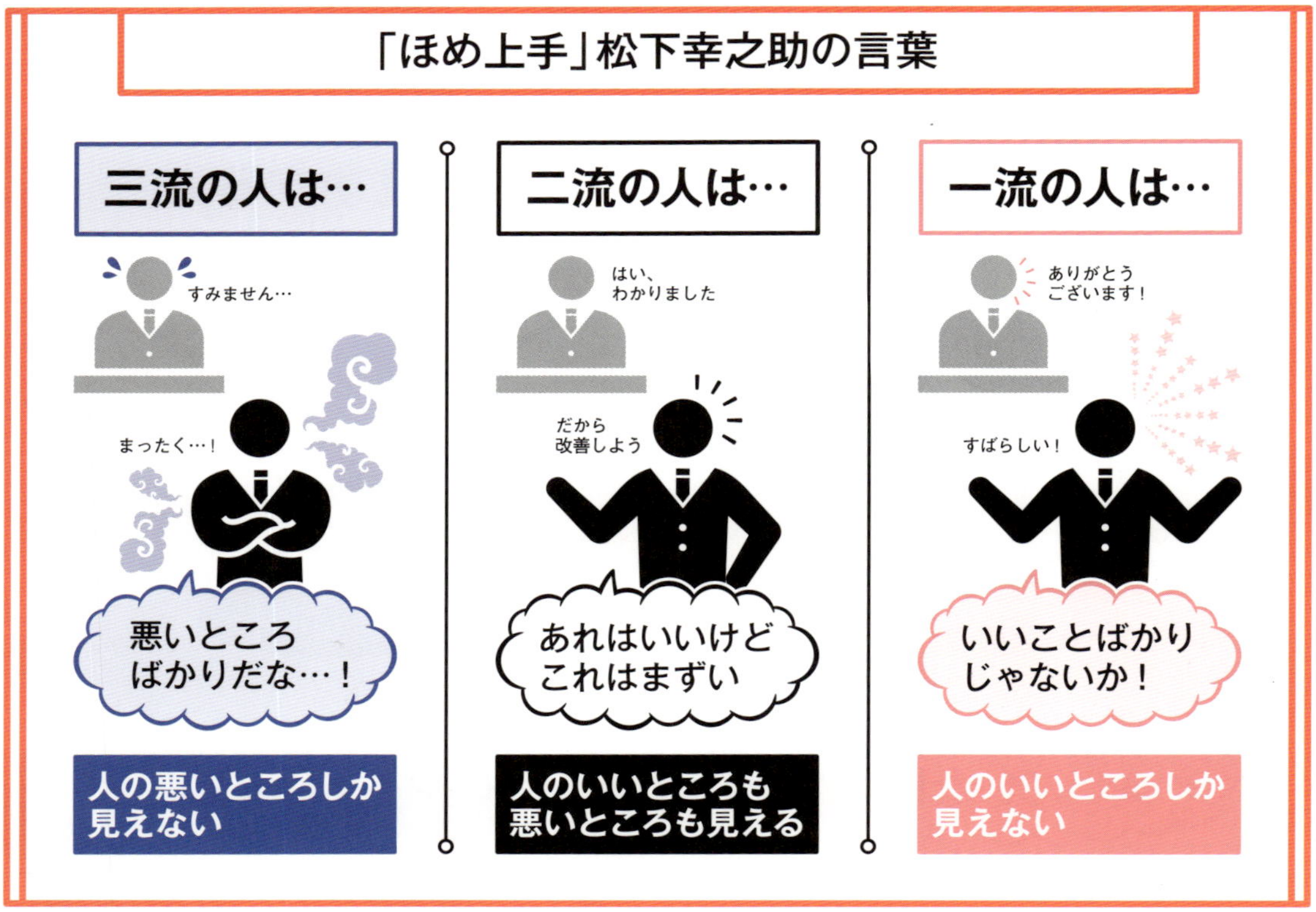
「ほめ上手」松下幸之助の言葉
三流の人は…
すみません…
まったく…！
悪いところばかりだな…！
人の悪いところしか見えない
二流の人は…
はい、わかりました
だから改善しよう
あれはいいけどこれはまずい
人のいいところも悪いところも見える
一流の人は…
ありがとうございます！
すばらしい！
いいことばかりじゃないか！
人のいいところしか見えない

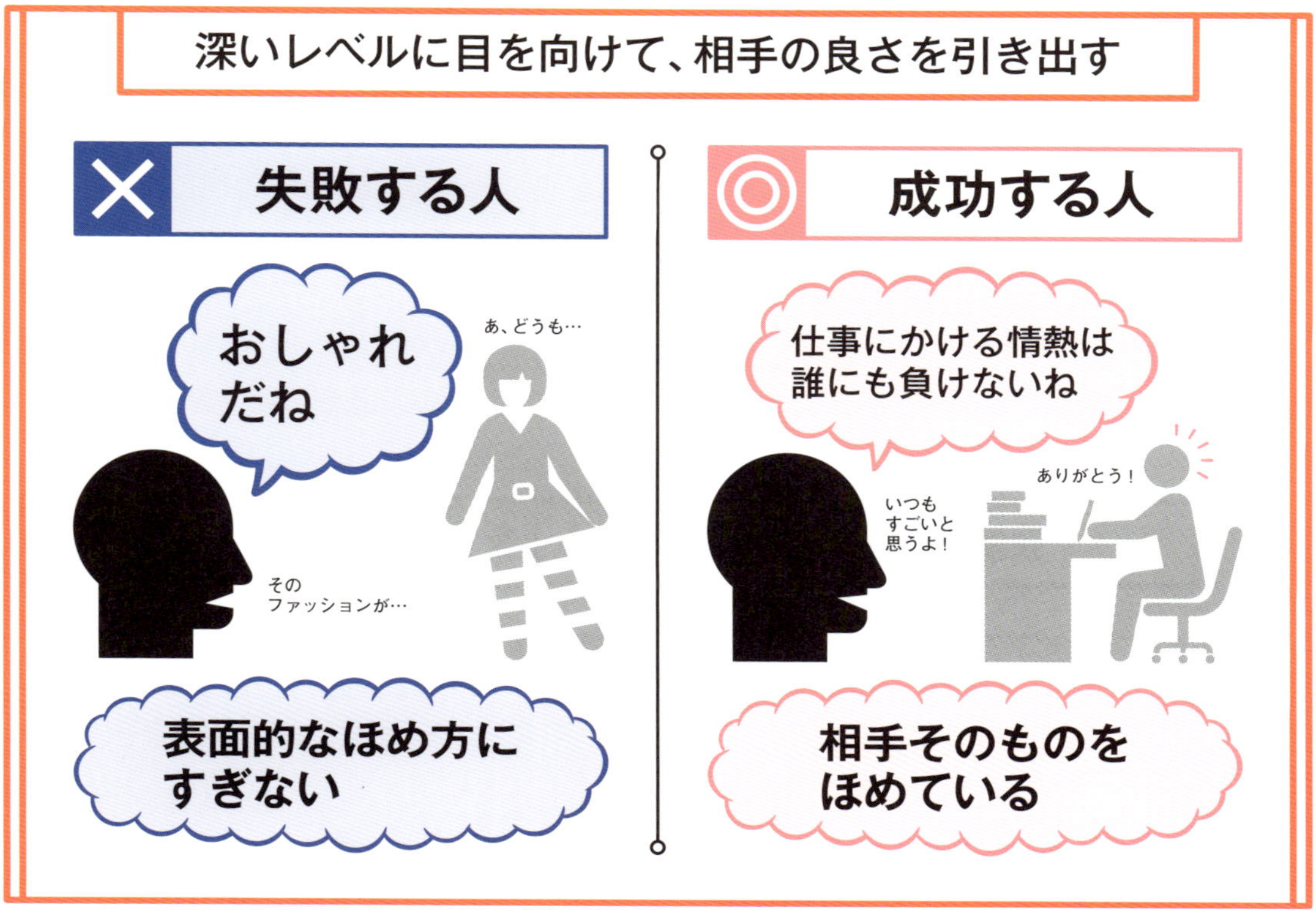
深いレベルに目を向けて、相手の良さを引き出す
失敗する人
おしゃれだね
あ、どうも…
その
ファッションが…
表面的なほめ方にすぎない
成功する人
仕事にかける情熱は誰にも負けないね
ありがとう！
いつも
すごいと
思うよ！
相手そのものをほめている

ほめることです。

① 1段階：環境レベル

容姿に関してほめるというのは、この環境レベルです。

「おしゃれだね」

② 2段階：行動レベル

相手の行動そのものをほめるレベルです。

「頼んだことをやってくれてありがとう」

③ 3段階：能力レベル

相手の能力の高さをほめるレベルです。

「これだけ手際良くやれる人は少ないよ」

④ 4段階：価値観レベル

どんな価値観を持っているのかを見抜き、それをほめます。

「仕事にかける情熱は、誰にも負けないものがあるね」

⑤ 5段階：自己概念（自己イメージ）レベル

相手の自己概念、つまりセルフイメージを認めることです。

「君の思いやりの深さに、いつも助けられているよ」

環境や、行動、能力レベルをほめるのは、表面的なほめ方にすぎません。しかし、**価値観や自己概念をほめるのは、相手そのものをほめている**ことになります。

必見！お役立ち COLUMN

見えているのと逆の部分を話題にする

話し方で成功している人は、人の見えない内面の部分をほめます。例えば、おとなしい人に対しては、「内面には熱いものをお持ちですね」と言います。すると、「そう見えますか？　そんなことはないですよ」などと言いながら、まんざらでもない表情をする人がほとんどです。

見えているのと逆の部分を話題にすると、相手は「表面的なものだけでなく深い部分がわかる人だ」と心を開くのです。

05

成功する人は 話をどんどん振る。

失敗する人は 話し続ける。

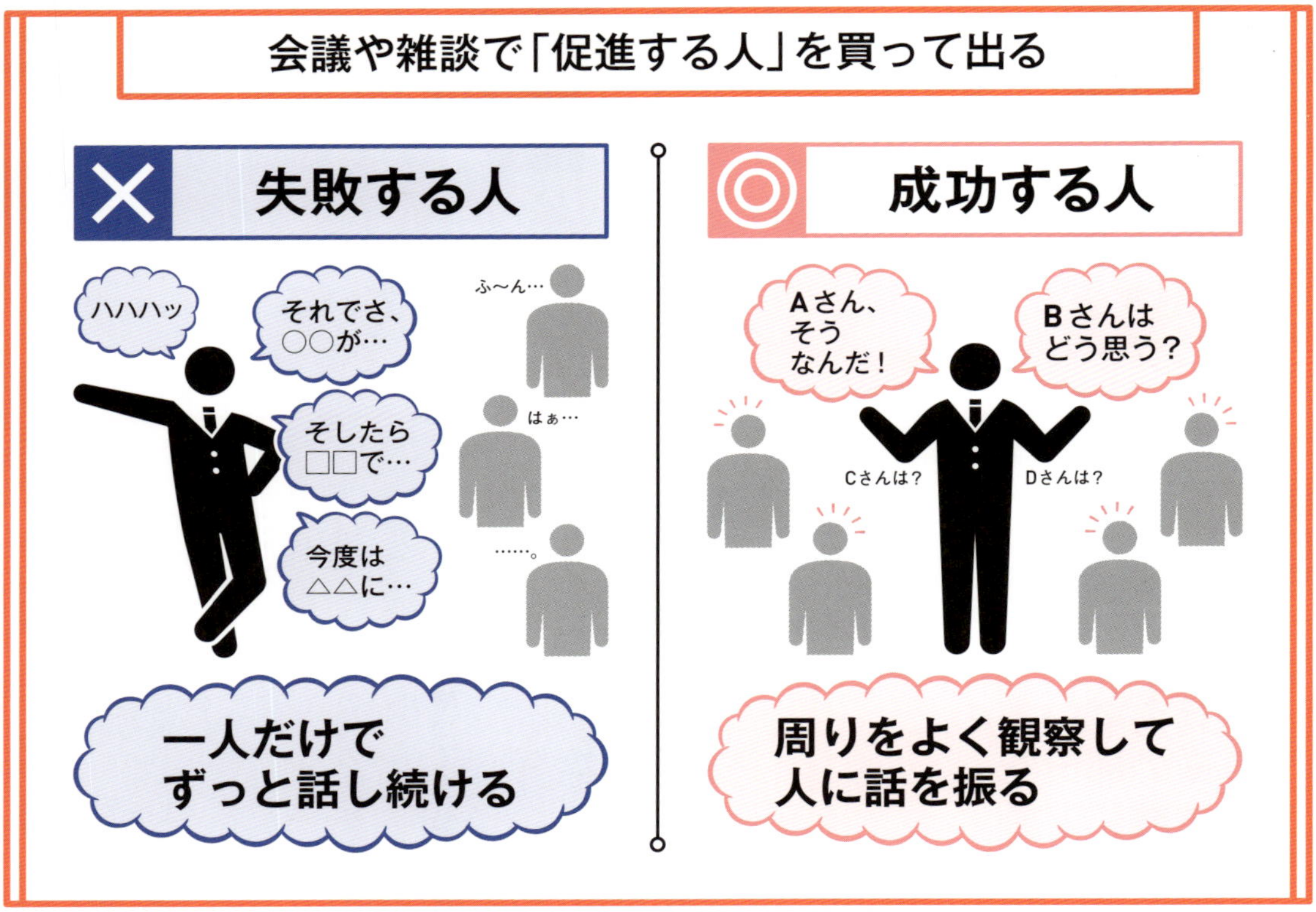
会議や雑談で「促進する人」を買って出る
失敗する人
ハハハッ
それでさ、〇〇が…
そしたら□□で…
今度は△△に…
ふ～ん…
はぁ…
……。
一人だけでずっと話し続ける
成功する人
Aさん、そうなんだ！
Bさんはどう思う？
Cさんは？
Dさんは？
周りをよく観察して人に話を振る

成功する人は、周りをよく観察している

2人だけで話しているときとは違って、複数で話をしていると、誰か一人だけがずっと話し続けてしまうことがあります。そんな風に一人だけの独壇場になっていたら、ファシリテーション役＝ファシリテーターになりましょう。

ファシリテーションとは、会議などの場で話をまとめていくために支援すること。ファシリテーターはつまり、「促進する人」です。

話し方で成功する人は、周りをよく観察しています。会議だけでなく、雑談をしていても、**誰かがつまらなさそうにしていたり、飽きているように見えたなら、ファシリテーション役を買ってでます。**

話の流れを強引に変えることもときには必要

ファシリテーションの手順を紹介します。

①まずは、話している人にあいづちを打って、自分に向けて話すように促します。

「へー、そんなに！　Aさんって、すごいねえー」

②自分が聞き役の中心になったら、話の内容に関連した質問を2、3回します。

「それでそれで？　具体的にはどうなりました？」

③話の流れを変えるために、他の人に質問をします。

「Aさん、そうなんだ！　それに関して、Bさんならどう思う？」

このように、その場に参加している人で、口を開かない人がいるようなら、話す機会を与えてあげるように、話を振るのです。

ところで、一人だけの独壇場になっている場合、話の流れを強引に変える方法もあります。

「Aさん、それはすごいですね！　ところでBさん、先日のあの件って、そのあとどうなりました？」

このように**話の腰を折ってしまう転換法ですが、聞き手の顔色を見ることもなく延々と一人でしゃべり続ける人が相手の場合、ときには必要**です。聞き手のことを気にせずしゃべり続ける人なら、話の腰を折られても意外と気にしないものです。

話し方で成功する 3 POINT

1. 一人で話している人がいたら、ファシリテーターを買ってでる
2. その場にいてもまったく話さない人には、話す機会を与える
3. 話の腰を折る転換法も、ときには必要

ファシリテーションの手順

1 話している人にあいづちを打つ

2 話に関連した質問をする

3 他の人に質問をする

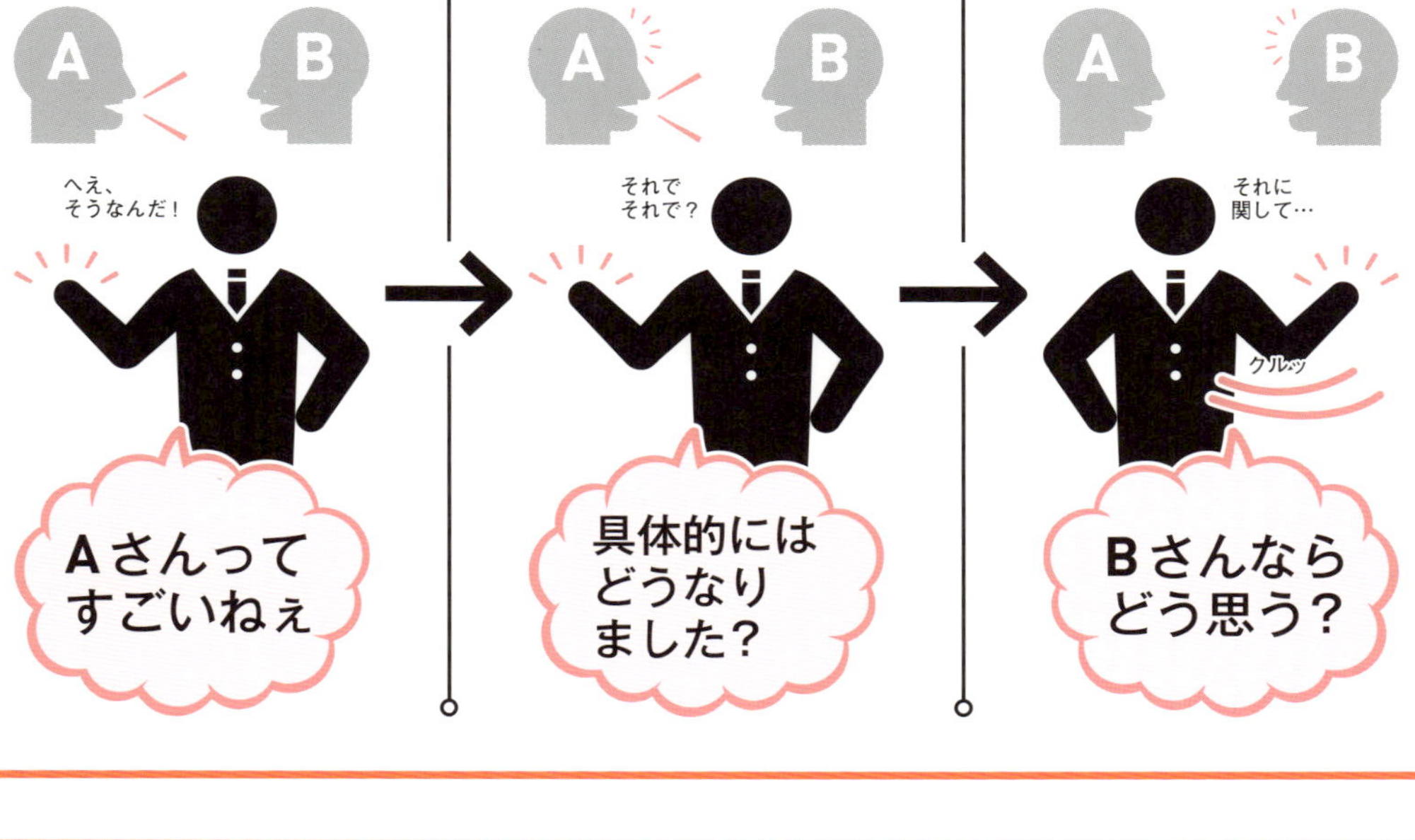

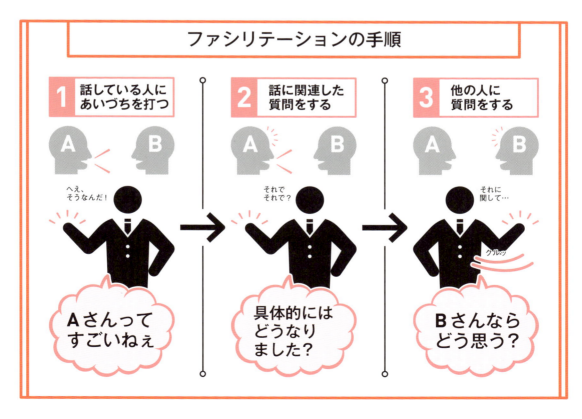

CHAPTER
01

どんな相手でも盛り上がる
「話し方」編

まとめ

SUMMARY 1 話し方で成功する人は **リアクションがうまい！**

SUMMARY 2 話し方で成功する人は **自分の弱みを見せる！**

SUMMARY 3 話し方で成功する人は **いつも笑顔で対応する！**

SUMMARY 4 話し方で成功する人は **普通の話題を深い話に変える！**

SUMMARY 5 話し方で成功する人は **見た目と正反対の部分をほめる！**

SUMMARY 6 話し方で成功する人は **心に響くほめ方をする！**

SUMMARY 7 話し方で成功する人は **みんなが話せるような状況をつくる！**

CHAPTER

02

話し方で
「成功する人」と
「失敗する人」の習慣

好感度が上がる

「聞き方」編

The Habits of great & poor communicators

06

成功する人は 相手の話を聞く。
失敗する人は 自分の話をする。

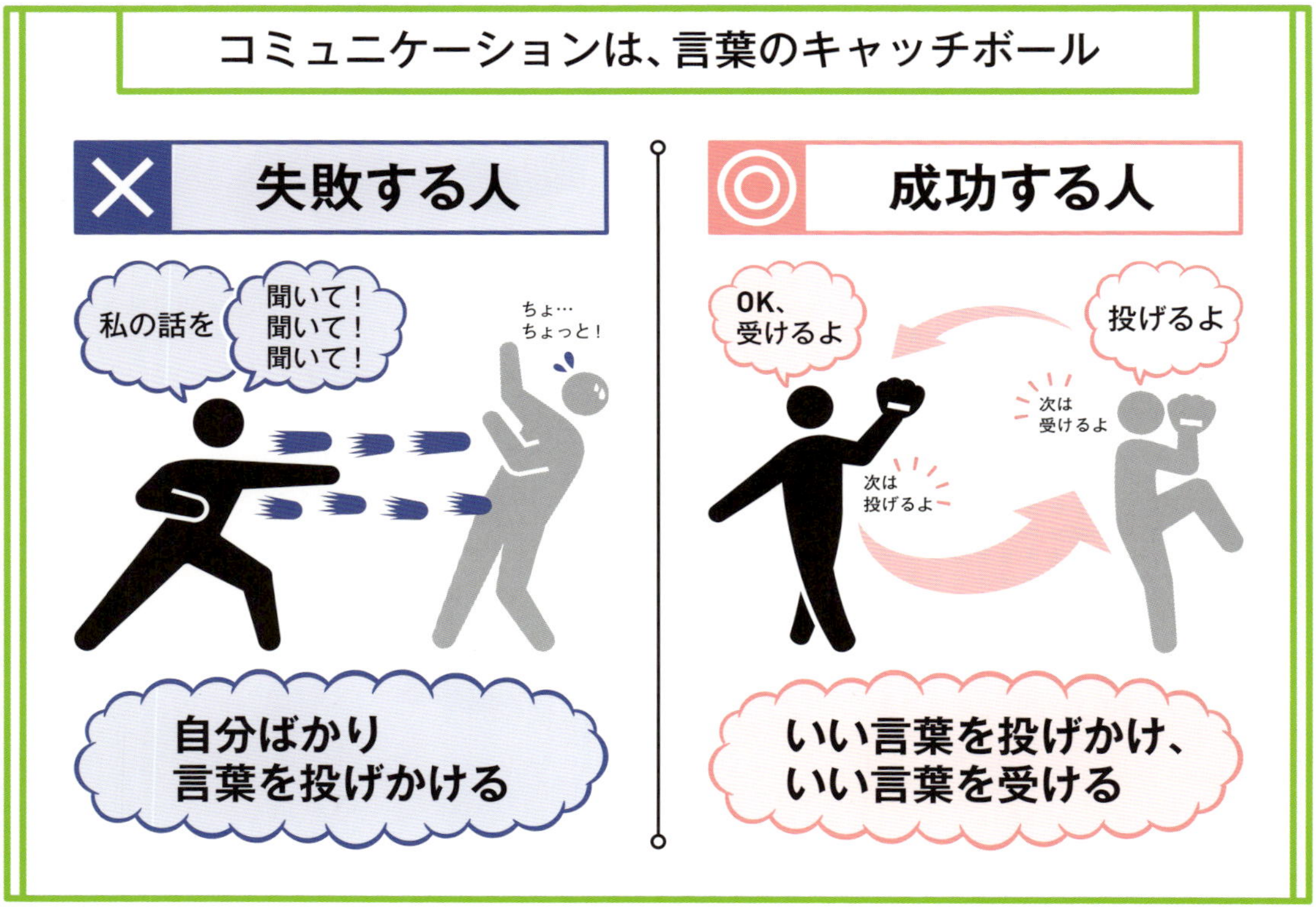
コミュニケーションは、言葉のキャッチボール
失敗する人
私の話を
聞いて！聞いて！聞いて！
ちょ…ちょっと！
自分ばかり言葉を投げかける
成功する人
OK、受けるよ
投げるよ
次は受けるよ
次は投げるよ
いい言葉を投げかけ、いい言葉を受ける

コミュニケーションがうまい人は、聞き方もうまい

コミュニケーションとは、言葉のキャッチボールです。話すことと、聞くことの両方が必要です。

野球にたとえると、球を投げる技術と、球を受ける技術の両方が必要ということです。

コミュニケーションがうまい人は、一見すると、「話すのがうまい」としか思えないかもしれません。でも、**コミュニケーションがうまい人は、実は聞き方もとてもうまい**のです。

聞き方がうまいから、相手の望んでいることを熟知し、相手が望んでいることに話をつなげていけます。すると結果的に、会話が盛り上がり、相手にいい印象を与えることができます。

相手の考えを決めつけてしまうと、話を聞けなくなる

一方、話し方で失敗する人は、

話し方で成功する 3 POINT

1. コミュニケーションは、「話すこと」と「聞くこと」が必要
2. 失敗する人は、なんでも決めつける
3. 人の話を聞ける人が、自分の話を聞いてもらえる

言いたいことは先に言わなければ損、相手の話をさえぎって質問する、最後まで黙って聞くことができない、などの特徴があります。

そういう人たちには、ある共通点があります。それは「決めつけ」です。

①自分が正義、相手は非常識だと決めつける

話を聞けない人は、どちらが正しいのか、どちらが間違っているのかにこだわります。「自分はいつも正しい。私を理解できない人は、非常識な人間だ」と、他人の考え方を非常識だと決めつけてしまうのです。

②相手の思いを決めつける

コミュニケーションに悩んでいる方の中には、「絶対にあの人はそう思っているに違いない」という決めつけをする人が多いものです。「どうしてそう思うのか？」と尋ねても、明確な答えはなく、思い込みによる解釈ばかりすることが多いです。

相手の考えを決めつけてしまうと、話を聞けなくなってしまいます。真意は言葉で確認することです。それをしないから、対人関係が余計に複雑になるのです。

いずれにしろ、**人の話を聞ける人が自分の話を聞いてもらえます。**

話を聞けない人の共通点

1 自分が正義と決めつける

2 相手の思いを決めつける

成功する人は 後出しジャンケン。
失敗する人は 先出しジャンケン。

あとから相手の話を聞くのは、どう考えても不利

ジャンケンで必ず勝つ方法をご存じでしょうか？

そうです。後出しをすれば絶対に勝ちます。

もちろん、普通のジャンケン勝負なら無効になります。しかし、会話では、後出ししても何の文句も言われません。

私は、この会話方法を、5年ほど前から**「後出しジャンケン方式コミュニケーション」**と命名して、セミナーや書籍でお伝えしてきました。

話し方で失敗する人は、次のように先出しをしています。

「どうもはじめまして。あ、関西出身なんですね。やっぱり阪神タイガースですよね。私が好きな選手は、ピッチャーの……」

「いえ、タイガースは嫌いなんです。広島ファンなんです」

「え？　そうなんですか……」

この会話例を見てわかるように、**相手の話をろくに聞かず、自分の思い込みで話を進めてしまうと、コミュニケーションがうまく取れなくなってしまいます。**

自分が言いたいことを先に出して、あとから相手の話を聞くのは、どう考えても不利です。損をしているにもかかわらず、多くの人は言いたいことを先出しして玉砕しているのです。

後出しにこだわれば、コミュニケーションがスムーズになる

逆に、**相手にしゃべらせて、その内容に合わせて後出しで話していけば、間違いなく相手の気持ちに寄り添うことができます。**

例えば、以下のような感じです。

「どうもはじめまして。あ、関西出身なんですね。野球のシーズンがはじまりますが、野球はお好きですか？」

「ええ、子供の頃から広島ファンなんです」

「へえー、広島ファンになったきっかけは、どんなことだったんですか？」

このように、徹底的に後出しにこだわっていくと、相手とのコミュニケーションがとてもスムーズになります。

必見！お役立ち COLUMN

成功する人は、自慢話を聞くことが好き

話のネタがなくなって会話が途切れてしまった。そんなときによくされるのが、「自慢話」と「苦労話」です。「成功する人は自慢話を聞くのが好き」というデータがあります。彼らは、他人の成功体験から学ぼうという姿勢を強く持っています。

参考例が多いほど、自分の判断基準の糧になります。人生では、多くの参考例をインプットすることが大切ですから、人の自慢話は積極的に聞くことです。

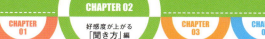

「後出し」でコミュニケーションはスムーズになる

✕ 失敗する人

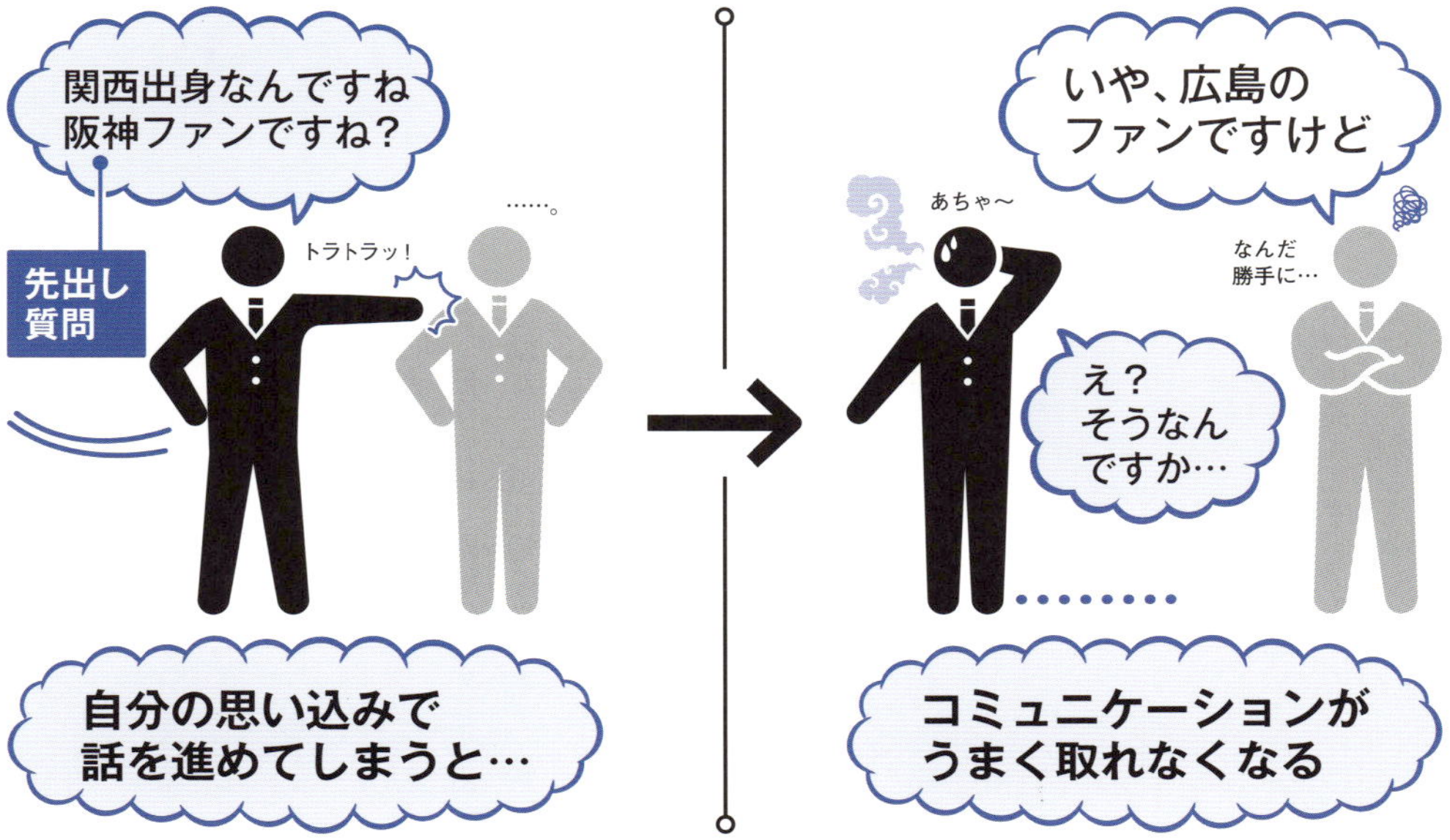

◎ 成功する人

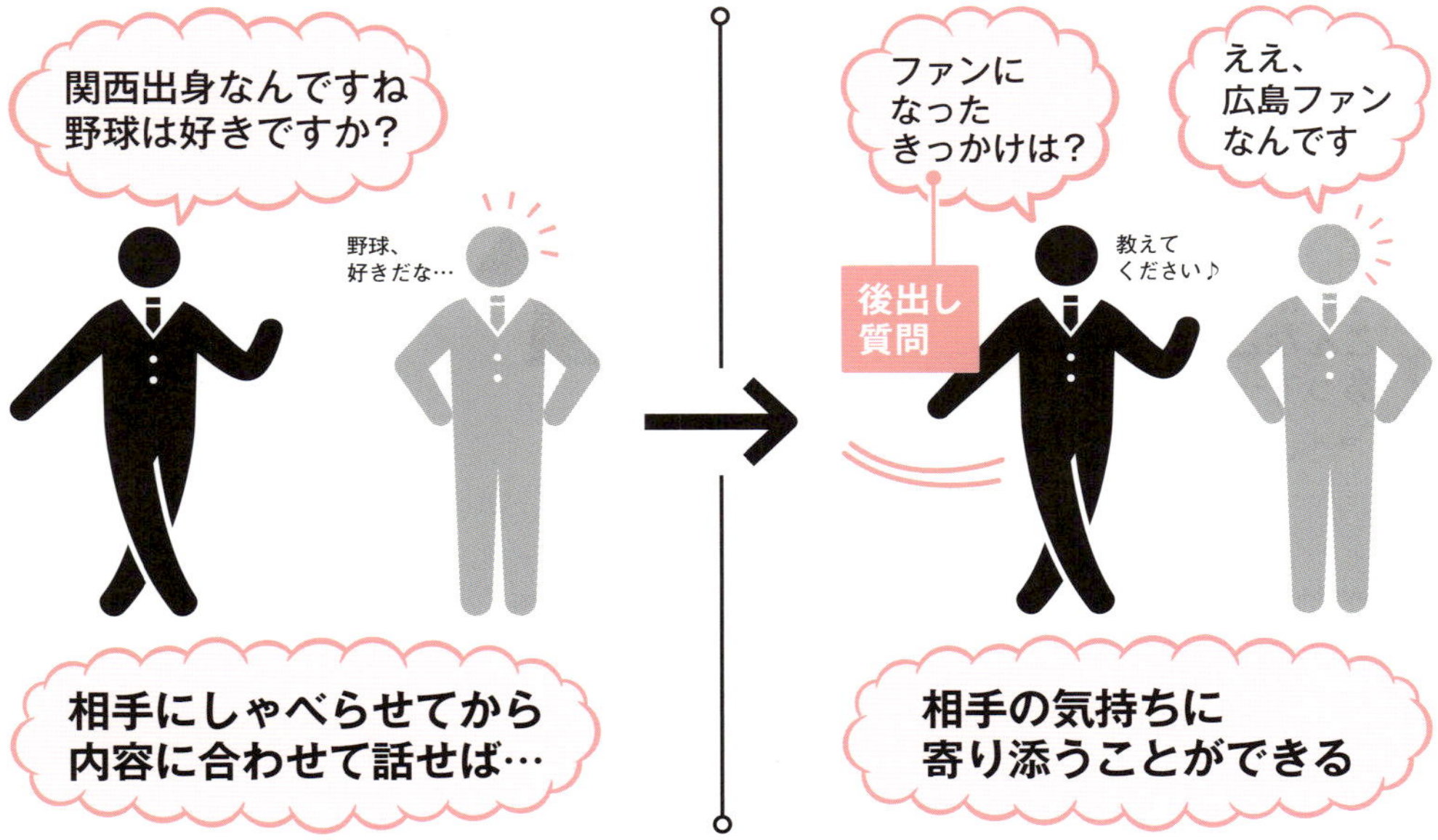

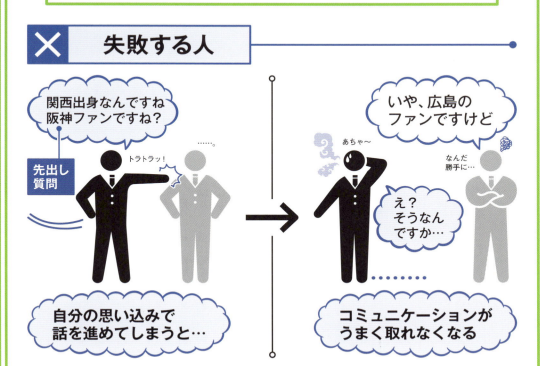

08

成功する人は 会話の裏を読む。

失敗する人は 素直に受け取る。

会話には、表面に上がっていない感情が隠されている

心理学では、感情を5つに分類します。**プラスの感情「喜び」と、マイナスの感情「悲しみ」「怒り」「不安」「苦しみ」**です。

これらの感情をしっかりつかむと、延々と続く相手の苦労話や自慢話が、一気に短くなります。共感して欲しいポイントを、あなたに受け止めてもらったと感じれば、長話の必要もなくなるからです。

会話には、表面に上がっていない感情が隠されています。妻が、「今日は朝からこんなことがあって、大変だったのよ！」と、苦労話を延々とするとします。妻が話したいのは、はたして「その話」だけだったのでしょうか？

表面的には、子供がこうしたとか、お隣がこうだった、というような細かなエピソードを伝えたいだけに見えます。でもその中には、実は**「共感して欲しい思い」が隠されている**のです。

それを読み取ることが大事です。

話の表面に現れない感情をキャッチする

どの感情で
話しているのかな？
相手の感情を
読み取ることで、
コミュニケーション
がスムーズになる！
今日は
こんなことが
あって…
それで
○○が□□で…
悲しみ
怒り
喜び
不安
苦しみ

相手の感情に意識を向け、共感する

× 失敗する人

今日、
子供と大変
だったのよ～
子供は
そんなもんだよ
わかって
くれない…
しかたない
でしょ

相手の話をそのまま受け、理論的に処理する

◎ 成功する人

今日、
子供と大変
だったのよ～
それは
大変だったね～
そう
なのよ～
うん、
ありがとうね

相手の感情をとらえて、オウム返しをする

相手の感情を探るには、「感情言葉」を聞き逃さないこと

話し方で失敗する人は、相手の話を額面通りに受け取ります。だから、理論的に処理してしまい、余計な怒りを買ってしまいます。

成功する人は、相手の話を「どんなことを言いたいのか?」ではなく、**「どんな感情をわかって欲しいのか?」という視点で聞きます。**

相手の感情を探るためには、「感情言葉」を聞き逃さないことです。悲しみ、怒り、不安、苦しみなど、**感情を表す言葉を必ず拾って、オウム返しをする**のが大事です。エネルギー量もそのまま返すのがポイントです。

「朝、子供を送ったすぐあとにスーパーへ行ったのに、欲しかったものが売り切れだったの! 結局3軒も回って、もう本当に大変だったわ!」

「そりゃ、大変だったねえー!」

相手と同じエネルギー量で、しっかりと共感しましょう。

相手の感情を読み取る意識が、スムーズなコミュニケーションをつくり出します。相手の感情に意識を向けてください。

必見! お役立ち COLUMN

人間関係では、相手とわかり合う必要はない

人間関係では「相手の立場になって考えてみるべき」とよく言われます。一見正しいように見えますが、結局人間は自分の経験や体験からしか考えられません。相手の立場を考え抜いたとしても、結局は自分の価値観を反映したことになります。

だから、わかり合う必要はありません。大事なのは相手の価値観を知ること。当て推量せず、きちんと質問をして、自分の価値観との違いを聞き出すのです。

09

成功する人は間接質問をする。
失敗する人は直接質問をする。

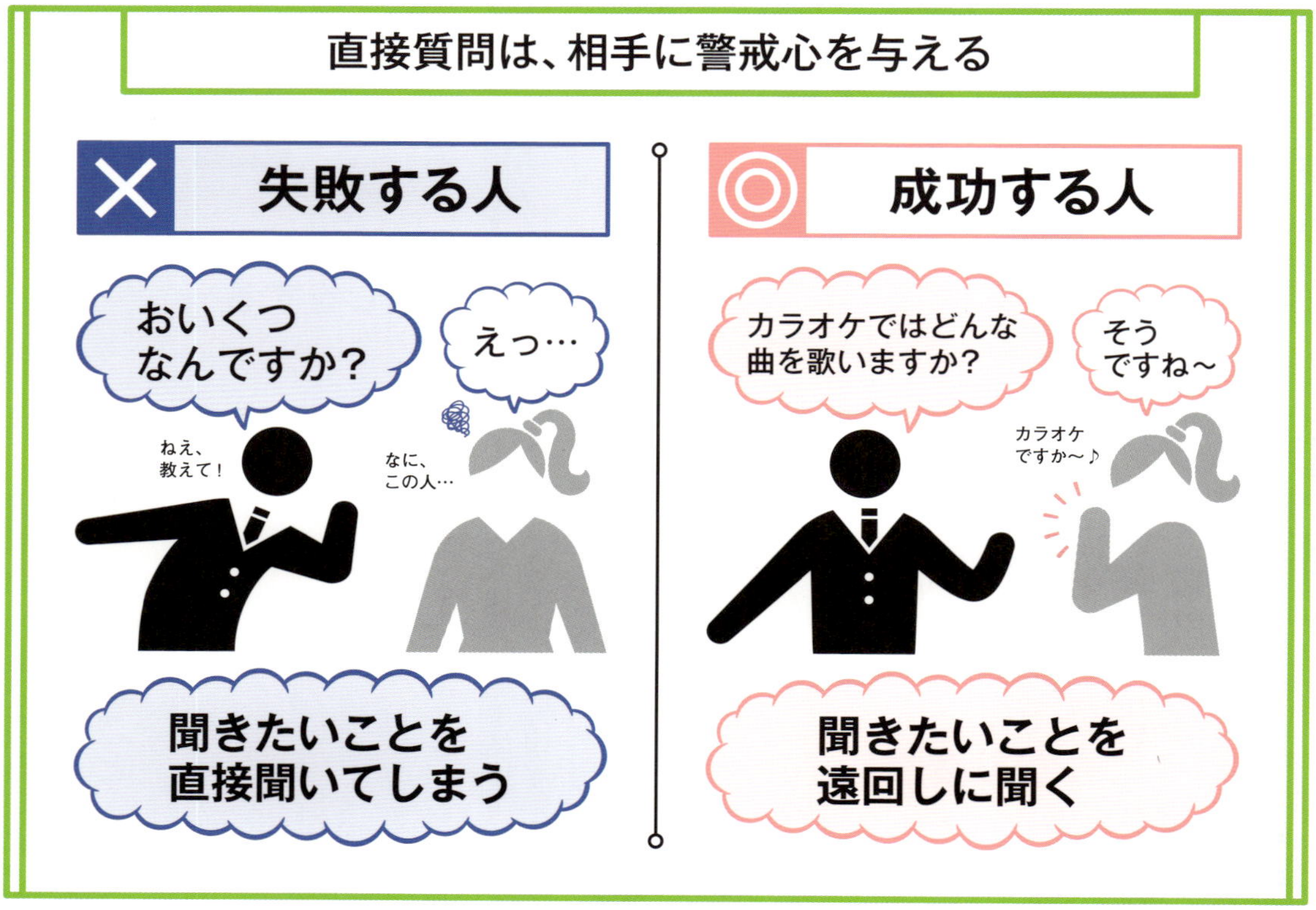
直接質問は、相手に警戒心を与える
失敗する人
おいくつなんですか？
えっ…
ねえ、教えて！
なに、この人…
聞きたいことを直接聞いてしまう
成功する人
カラオケではどんな曲を歌いますか？
そうですね～
カラオケですか～♪
聞きたいことを遠回しに聞く

直接質問は、相手との関係性を壊してしまう

聞きたいことをズバズバ聞くことを直接質問と言います。

直接質問は、単刀直入に回答を求めるので、コミュニケーションミスが発生しません。正確な事実や情報を集めやすいのです。しかし一方で、相手との関係性を壊してしまうことも多くなります。

特にプライベートについて直接質問をすると、相手に警戒心を持たれます。

「お客様はおいくつですか？」
「どこの大学を卒業しましたか？」
「今、彼氏はいるんですか？」

こういった質問は、これから人間関係を築こうとしている場合、不適切です。

相手に警戒心を与えない「承諾法」と「間接質問」

そこで、相手に警戒心を与えずに質問する方法を使います。それ

が、「承《しょう》諾《だく》法」と「間接質問」です。

「承諾法」は、相手の承諾を得てから聞きたいことを尋ねる方法です。

「ちょっと○○について、お聞きしてもいいですか?」

こう言うと、遠慮して気を遣っているニュアンスが伝わります。

例えば、

「今、彼氏はいるんですか?」

ではなく、

「今、彼氏がいるかどうか、聞いていいですか?」

という聞き方をするのです。

「間接質問」は、聞きたいことをあえて遠回しに質問する方法です。

例えば、次のように使います。

「彼氏はいますか?」

⬇**「休みの日は、どういった過ごし方をしていますか?」**

休みの使い方で、相手のプライベートの部分をイメージしやすくなります。

「年齢はおいくつですか?」

⬇**「カラオケではどんな曲を歌いますか? 学生の頃のアイドルは誰ですか?」**

どの歌が好きかで、だいたいの年齢を想像できるようになります。

このように、間接質問を覚えて、スマートに聞き出せるようにしましょう。

話し方で成功する 3 POINT

1. プライベートについて直接質問をすると、警戒心を与える
2. 「承諾法」で相手の承諾を得てから聞きたいことを尋ねる
3. 「間接質問」で聞きたいことを遠回しに質問する

聞きたいことをスマートに聞き出す方法
これらの方法なら、相手に警戒心を与えずに質問できる!
1 承諾法
ふふ、いいですよ
彼氏がいるか聞いていいですか?
相手の承諾を得てから聞きたいことを尋ねる
2 間接質問
そうですね〜休みの日は…
休みの日はどう過ごされているんですか?
聞きたいことをあえて遠回しに質問する

CHAPTER 02

The Habits of great & poor communicators

10

成功する人は ただ聞くだけ。

失敗する人は 解決策を提示する。

女性は悩んだときに、しゃべることでストレスを解消する

女性からの相談で多いのが、「夫や彼が話を聞いてくれない」という悩みです。

一方、男性は男性で、「妻や彼女の話を聞いてあげても怒り出す」という悩みを持つことがあります。

これは男性脳と女性脳の違いから起きるトラブルです。

女性は悩んだときに、しゃべることでストレスを解消します。解決を求めているわけではありません。これを男性は理解できません。男性は、解決策を欲しいときにしか悩みを打ち明けないからです。

でも**女性は、ただ自分がどういう感情なのかを聞いて欲しい**のです。共感して欲しいだけなのです。ですから、解決策を言いたくなってもこらえる。**まずは黙って話を聞くことが、平和への道**です。

対して男性の場合、強いストレスや悩みを抱えた場合、女性のように軽々しく打ち明けません。一緒にいるパートナーから見れば、心

男性と女性では、悩みの解消方法が違う

男性の場合

男性は一人になりたがり、解決できる人にしか相談しない

女性の場合

女性は共感して欲しいだけで、解決策を求めていない

解決策を言いたくなっても、こらえよう

✕ 失敗する人

こうすれば
いいじゃない
そんなこと
聞いてないわよ！
だからさ〜
頼まれてもいないのに
解決策を述べる

◎ 成功する人

うん、
うん
聞いてもらえたら
スッキリして
きたわ♪
そうだよね
まずは黙って
相手の話を聞く

ここにあらずという感じがします。

でも、パートナーの女性に関心がなくなったわけではありません。**男性は、悩んだら一人になりたがる**ものです。これを、恋愛心理学者で有名なジョン・グレイ博士は、「穴ぐらにこもる」と表現しています。

男性は傷が癒されてから、穴ぐらから出てくる

男性は、ストレスを避けるために、野球やサッカーの中継、DVDやゲームに没頭したりします。

その間は、何を話しかけてもムダで、女性ができることはありません。ただひたすら、穴ぐらから出てくるのを待つしかないのです。

男性にとって、悩みを打ち明けるということは、「自分は能なしだと宣言するに等しい行為」です。自分より権威があり、解決する能力を持つ人にしか相談しません。

ある程度傷が癒されてから、穴ぐらからのそのそと出てきて、男性はようやくパートナーや同僚に相談できるようになります。

男性と女性では、悩みの解消方法が違うということを学ぶと、無用なトラブルがなくなります。

話し方で成功する 3 POINT

1. 女性は、自分がどういう感情かを聞いて欲しい。まずは黙って聞く
2. 男性が悩んだら、穴ぐらから出てくるまで待つしかない
3. 男性と女性では、悩みの解消方法が違うことを学ぼう

CHAPTER 02

好感度が上がる

「聞き方」編

まとめ

SUMMARY 1 話し方で成功する人は **決めつけない！**

SUMMARY 2 話し方で成功する人は **焦らずにゆっくりと相手の話を聞く！**

SUMMARY 3 話し方で成功する人は **成功体験をたくさん聞いて今後の人生に活かす！**

SUMMARY 4 話し方で成功する人は **会話から相手の感情を読む！**

SUMMARY 5 話し方で成功する人は **相手が何を考えているか聞き出す！**

SUMMARY 6 話し方で成功する人は **相手に失礼にならないように気遣いながら質問する！**

SUMMARY 7 話し方で成功する人は **男女の脳の違いを理解している！**

CHAPTER

03

話し方で「成功する人」と「失敗する人」の習慣

信頼されるようになる

「距離の縮め方」編

The Habits of great & poor communicators

成功する人は 相手の目を見る。
失敗する人は 目をそらす。

あいさつするときは、相手の目を見る

✕ 失敗する人	◎ 成功する人

おはよう
おはようございます
えっ…
後ろ向き…

話しかけられても、相手の目を見ない

おはよう！
おはようございます

話しかけられたら、相手の目を見る

アイコンタクトがないと、あいさつをしてもらった気持ちがしない

サラリーマン時代、私が管理職になってからのことです。

仕事を終えて退社するときには、「お先に失礼します。お疲れ様でした！」ときちんとあいさつをして帰る女性がいました。しかし、いつもあいさつをしていたその女性が、いつの間にかあいさつをしないで帰るようになってしまったのです。

彼女と親しい同僚に、それとなく聞いてもらったところ、「だって、松橋さん、あいさつしてもいつもパソコンを見ていて、私の方を見てあいさつしないから」とのことでした。

声を出していても、アイコンタ**クトをしないと、相手からあいさつをしてもらったという気持ちが得られない**のです。何か作業をしていたとしても、あいさつをするときには、必ず手を止めてするようにしましょう。

話を聞くときに相手の目を見な

いのは、無意識だと思います。でもそれだと、話を聞いてもらっていないと感じる人はとても多いのです。

男性は自分が話すとき、女性は相手が話すとき、相手の目を見る

ところで、目を合わせるかどうかは、男女差があります。

男性は、自分が話すときに相手の目を見て話します。相手の話を聞くときは、目を見ないで聞く人が多いです。

女性は、逆です。自分が話すときは、相手の目を見ないで話します。相手の話を聞くときは、目を見て聞きます。

ですから、**男性が女性の話を聞くときには、目をしっかり見つめて聞く**ことが必要です。また、**女性が男性に話すときには、目を見つめて話すように意識する**必要があるということです。

ちなみに、男性も女性も、興味のある相手の場合は、話すときも聞くときも、しっかりと目を見つめるそうです。

興味があるなしに関係なく、いつも目を見て話すようにしたいですね。

話し方で成功する 3 POINT

1. 作業をしていても、あいさつの際は、必ず手を止める
2. 男性が女性の話を聞くときには、目を見つめて聞くようにする
3. 女性が男性に話すときには、目を見つめて話すようにする

目を合わせるかどうかは、男女差がある

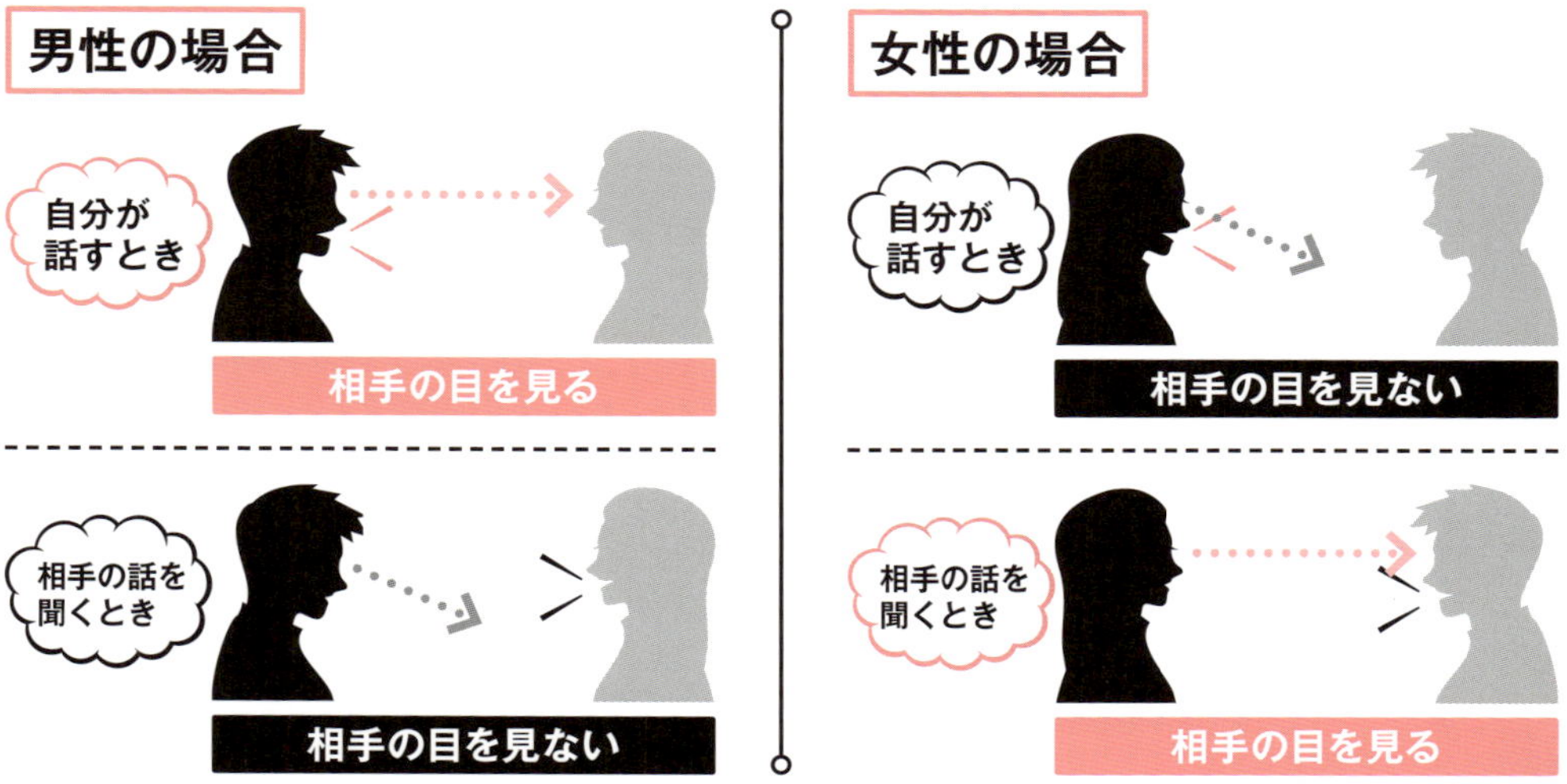

心がけよう!
- 男性が女性の話を聞くとき ➡ 目を見つめて聞く
- 女性が男性に話すとき ➡ 目を見つめて話す

成功する人は　相手と共通点をつくる。
失敗する人は　共通点を探す。

コミュニケーションの天才は「ペーシング」の技術を持つ

初対面でも、同じ高校の出身だったり、趣味が一緒だったりすると、あっという間に親密な関係になりませんか？　私は同じ青森東高校の出身だと聞いたら、一瞬で先輩と後輩の関係になります。

では、共通点が見つからない相手の場合は、どうしますか？

住んでいるところが一緒、趣味が一緒など、共通点があればいいのですが、そんなに都合良く見つかるものではないでしょう。

しかし、**コミュニケーションの天才たちは、まったく共通点がなくても、仲良くなれる**のです。それは、趣味や出身地などの他に、共通点をつくるペーシングという技術を持つからです。

1970年代に、天才と言われる3人のカウンセラーがいました。他のカウンセラーでは何年かけても治らないような症状を、わずかな期間で治療してしまうのです。興味を持ったリチャード・バンド

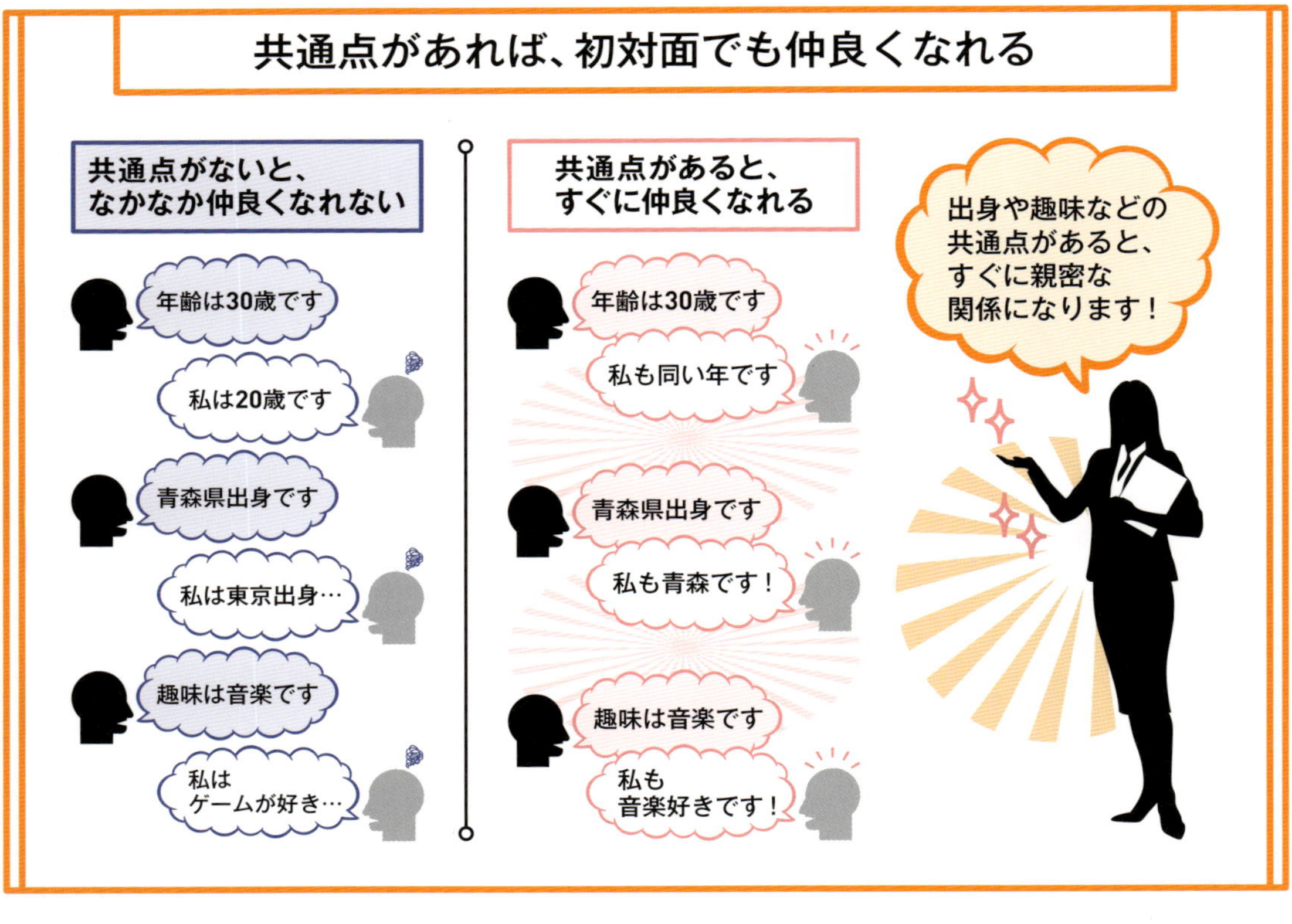
共通点があれば、初対面でも仲良くなれる
共通点がないと、なかなか仲良くなれない
年齢は30歳です
私は20歳です
青森県出身です
私は東京出身…
趣味は音楽です
私はゲームが好き…
共通点があると、すぐに仲良くなれる
年齢は30歳です
私も同い年です
青森県出身です
私も青森です！
趣味は音楽です
私も音楽好きです！
出身や趣味などの共通点があると、すぐに親密な関係になります！

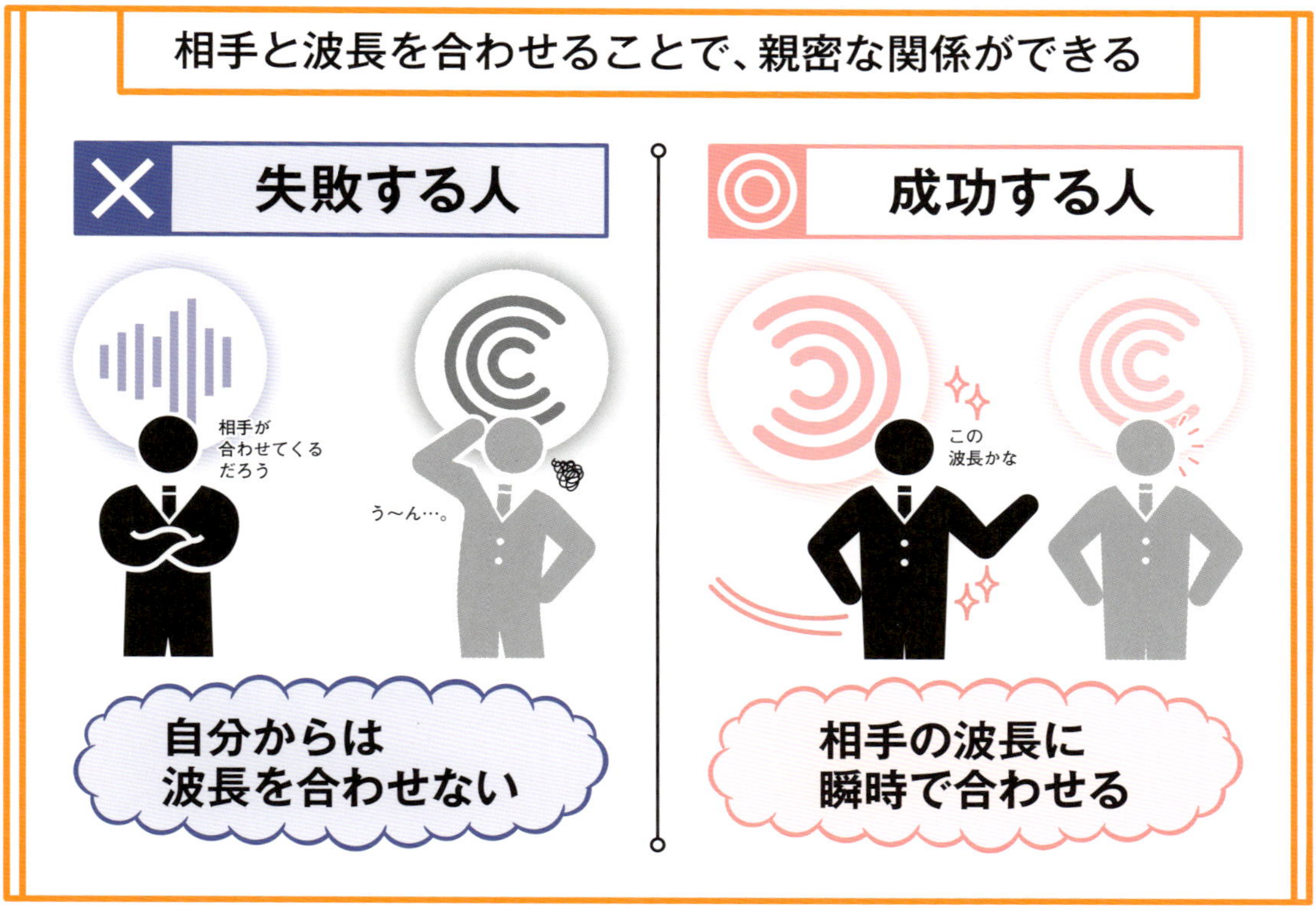

相手と波長を合わせることで、親密な関係ができる
失敗する人
相手が
合わせてくる
だろう
う～ん…。
自分からは
波長を合わせない
成功する人
この
波長かな
相手の波長に
瞬時で合わせる

ラー氏は、研究を重ね、彼らがクライアントと対面しているときに、全員が同じ技術を使っていることを発見しました。その技術を体系化したのがＮＬＰという心理学です。

そのＮＬＰのテクニックの中に「ペーシング」があります。**相手と波長を合わせる技術**です。

波長を合わせれば、相手と親密な関係ができる

波長を合わせれば、相手と親密な関係ができていきます。

コミュニケーションがうまい人は、どんな相手にも瞬時で波長を合わせることができます。コミュニケーションが下手な人はその逆です。相手が、自分に波長を合わせてくれるのを待ちます。

親密な関係を築くには、３つのペーシングが必要です。

①言葉のペーシング
②声のペーシング
③ボディーランゲージのペーシング

この３つのペーシングを使いこなせれば、波長が合わない人はいなくなります。この３つを、次項から詳しく説明します。

話し方で成功する 3 POINT

1. 共通点がある人とは、すぐ仲良くなれる
2. コミュニケーションがうまい人たちは、どんな相手にも波長を合わせる
3. 3つのペーシングを使いこなせれば、波長が合わない人はいなくなる

13

成功する人は そのまま返す。

失敗する人は 一言つけ加える。

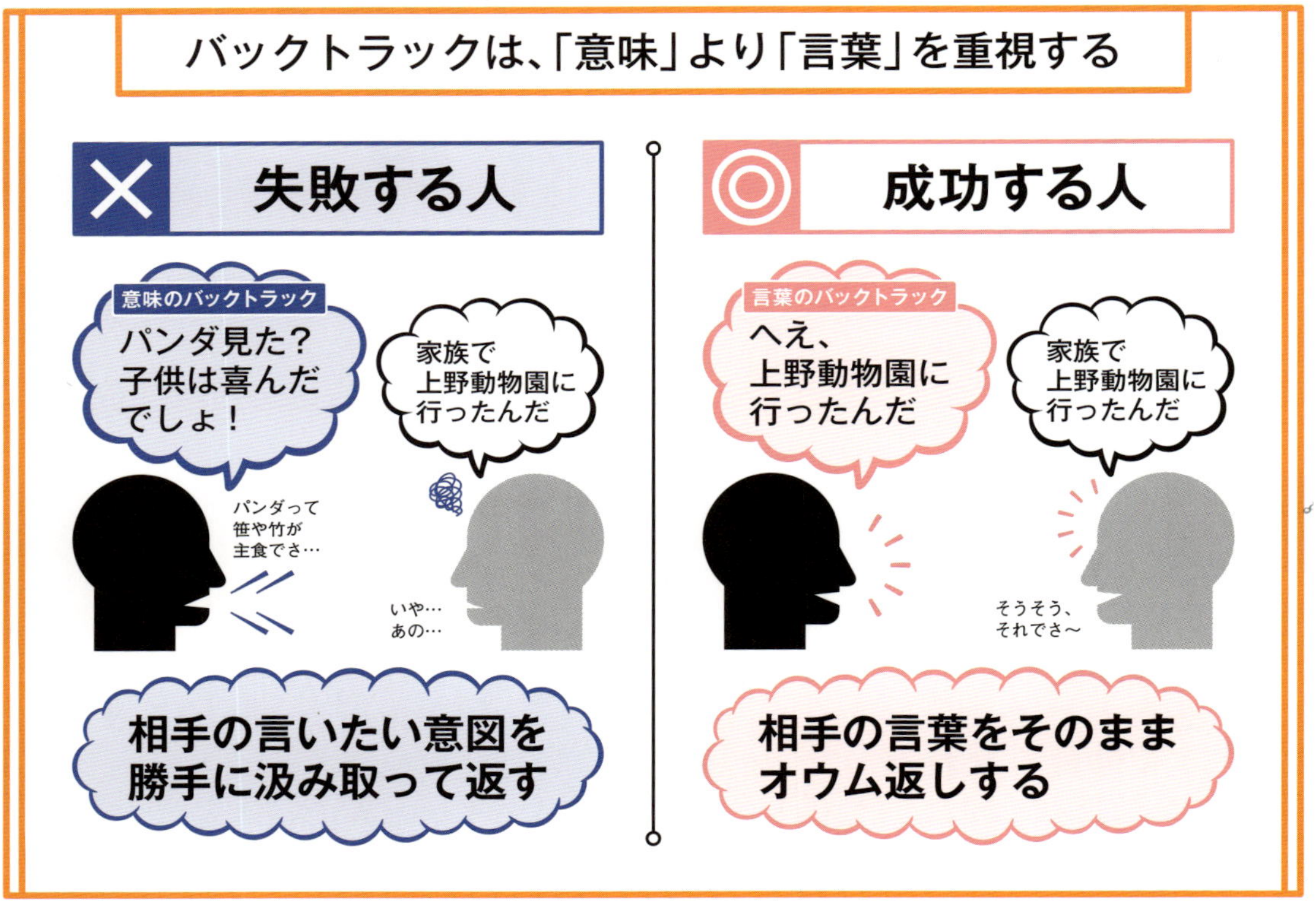
バックトラックは、「意味」より「言葉」を重視する
失敗する人
意味のバックトラック
パンダ見た？子供は喜んだでしょ！
家族で上野動物園に行ったんだ
パンダって笹や竹が主食でさ…
いや…あの…
相手の言いたい意図を勝手に汲み取って返す
成功する人
言葉のバックトラック
へえ、上野動物園に行ったんだ
家族で上野動物園に行ったんだ
そうそう、それでさ〜
相手の言葉をそのままオウム返しする

「言葉のバックトラック」で、ブロッキングを予防する

言葉で相手と波長を合わせる場合、2つの方法があります。相手の言葉をそのままオウム返しする「言葉のバックトラック」と、相手の言いたい意図を汲み取って、返す「意味のバックトラック」です。

①言葉のバックトラック

「この前の日曜日に、家族みんなで上野動物園に行ってきたんだよ」

「へえ、上野動物園に行ったんだ」

②意味のバックトラック

「この前の日曜日に、家族みんなで上野動物園に行ってきたんだよ」

「上野動物園と言えばパンダでしょ！ パンダ見た？ 子供はパンダが大好きだから喜んだでしょ！」

あなたは、どちらのリアクションの方がいいと思いましたか？

あなたが②を選んだとしたら、「人の話を聞けない人」に認定です。それは、「上野動物園に行ったことから、どんなことを話したかったのか」を、セリフだけで判断してはいけないからです。

②の**「意味のバックトラック」をすると、自分の憶測や推測をかぶせて話を進めてしまいます。**

自分の思い込み、憶測、推測など、自分が話したくなることを、ブロッキングと呼びます。ブロッキングの予防のためにも、**一番無難で、一番確実な「言葉のバックトラック」をする**ようにしましょう。

波長を合わせれば、相手と親密な関係ができる

言葉のバックトラック、つまりオウム返しが下手な人もいます。

「この前の日曜日に、家族で上野動物園に行ってきたんだよ」

「へえ〜、この前の日曜日に家族で上野動物園に行ってきたんだ?」

このように、文脈でオウム返しすると、もはやギャグのような状態になります。**オウム返しは、キーワードをひとつだけ拾って返すのがコツ**です。返す言葉は短いほど、テンポを崩すことがなく、話を盛り上げることができます。

相手との会話で、一言つけ加えるのが習慣になっている人は、言いたいことや思いついたことをグッとこらえて、相手の言葉をそのまま返すことを習慣にしましょう。

話し方で成功する 3 POINT

1. 思い込みや憶測、推測を避けるためには、言葉のバックトラックを
2. 意味のバックトラックでは、自分の憶測や推測で話を進めてしまう
3. オウム返しはキーワードだけ拾って返す

返す言葉は、短かければ短いほどいい

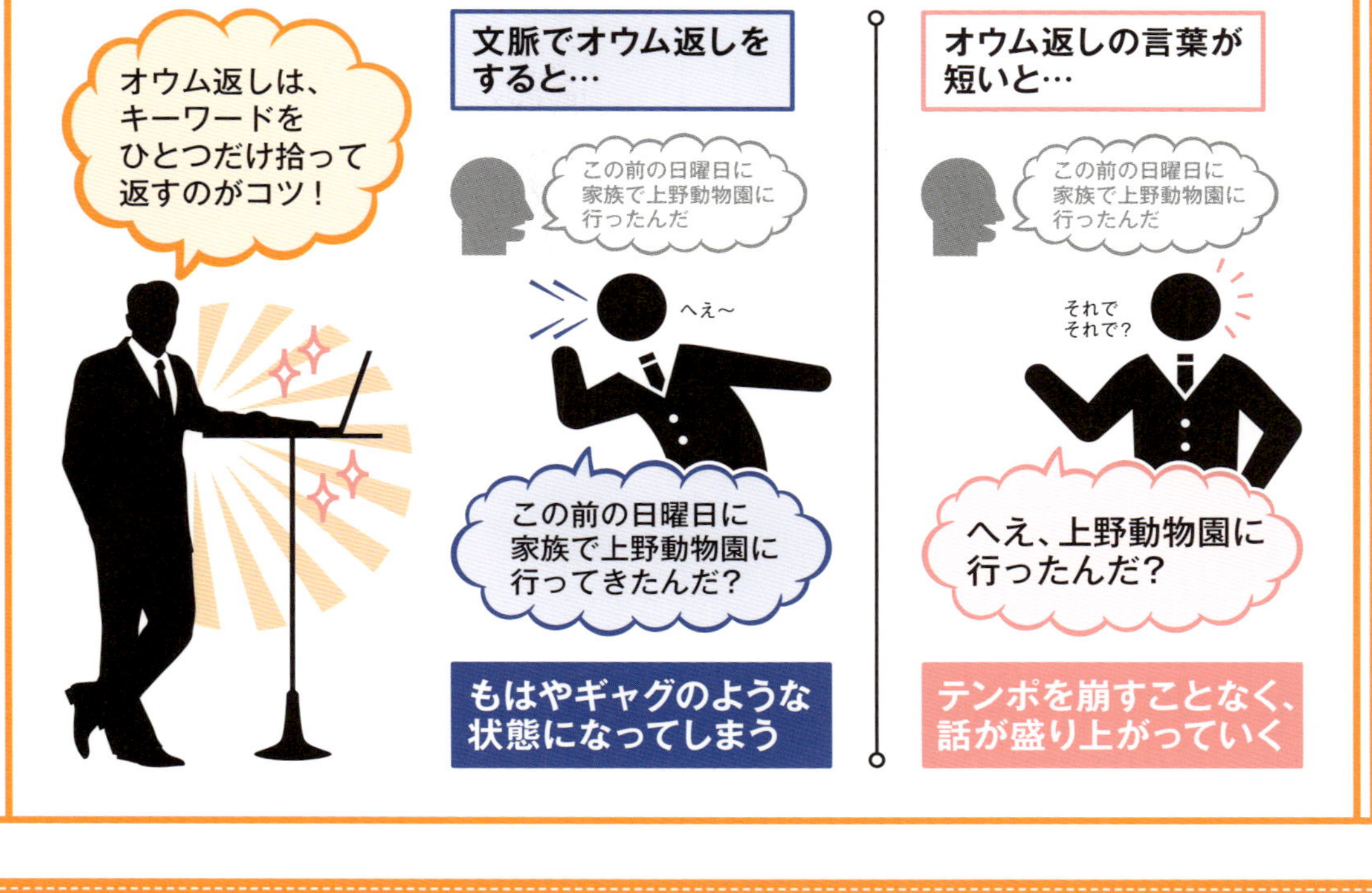
オウム返しは、キーワードをひとつだけ拾って返すのがコツ!
文脈でオウム返しをすると…
この前の日曜日に家族で上野動物園に行ったんだ
へえ〜
この前の日曜日に家族で上野動物園に行ってきたんだ?
もはやギャグのような状態になってしまう
オウム返しの言葉が短いと…
この前の日曜日に家族で上野動物園に行ったんだ
それでそれで?
へえ、上野動物園に行ったんだ?
テンポを崩すことなく、話が盛り上がっていく

14

成功する人は 声の調子を合わせる。

失敗する人は マイペースで話す。

相手の声の大きさやテンポをよく聞いて、瞬時に合わせる

空気が読めない人って、どんなイメージがありますか？

周りが静かに話しているのに、大きな声で話す人がいますよね。その逆もあります。

空気を読むというのは、**声の大きさ**が占める部分が大きいのです。声の大きさを合わせるのは、とても大事ということです。

声のテンポも大事です。

ゆっくり話す相手なのに、こちらがテンポ良く、「はいっ！」「ええ！」「うん！」と、ハキハキとあいづちを打つと、せかされている感じを与えてしまいます。テンポ良く話す相手に、「あ～、そうなんですね～」とのんびりと返すと、聞き流されている感じを与えます。テンポをずらすと、聞いていない感じを与えてしまうのです。

相手の声の大きさやテンポをよく聞いて、瞬時に合わせることで、どんな相手とも波長が合うようになります。

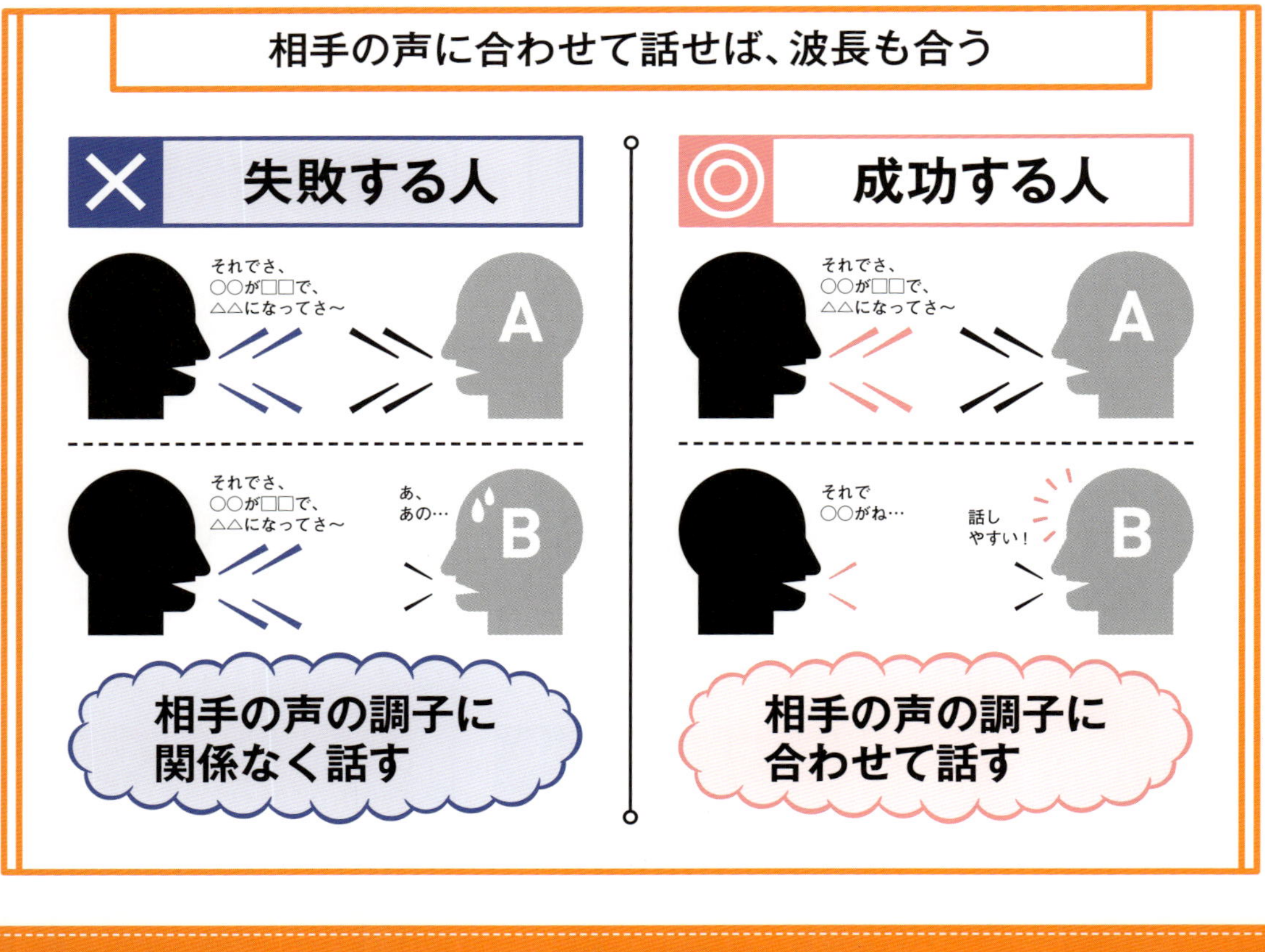
相手の声に合わせて話せば、波長も合う
× 失敗する人
それでさ、○○が□□で、△△になってさ～
A
それでさ、○○が□□で、△△になってさ～
あ、あの…
B
相手の声の調子に関係なく話す
◎ 成功する人
それでさ、○○が□□で、△△になってさ～
A
それで○○がね…
話しやすい！
B
相手の声の調子に合わせて話す

合わせなくてはいけない声の注意点

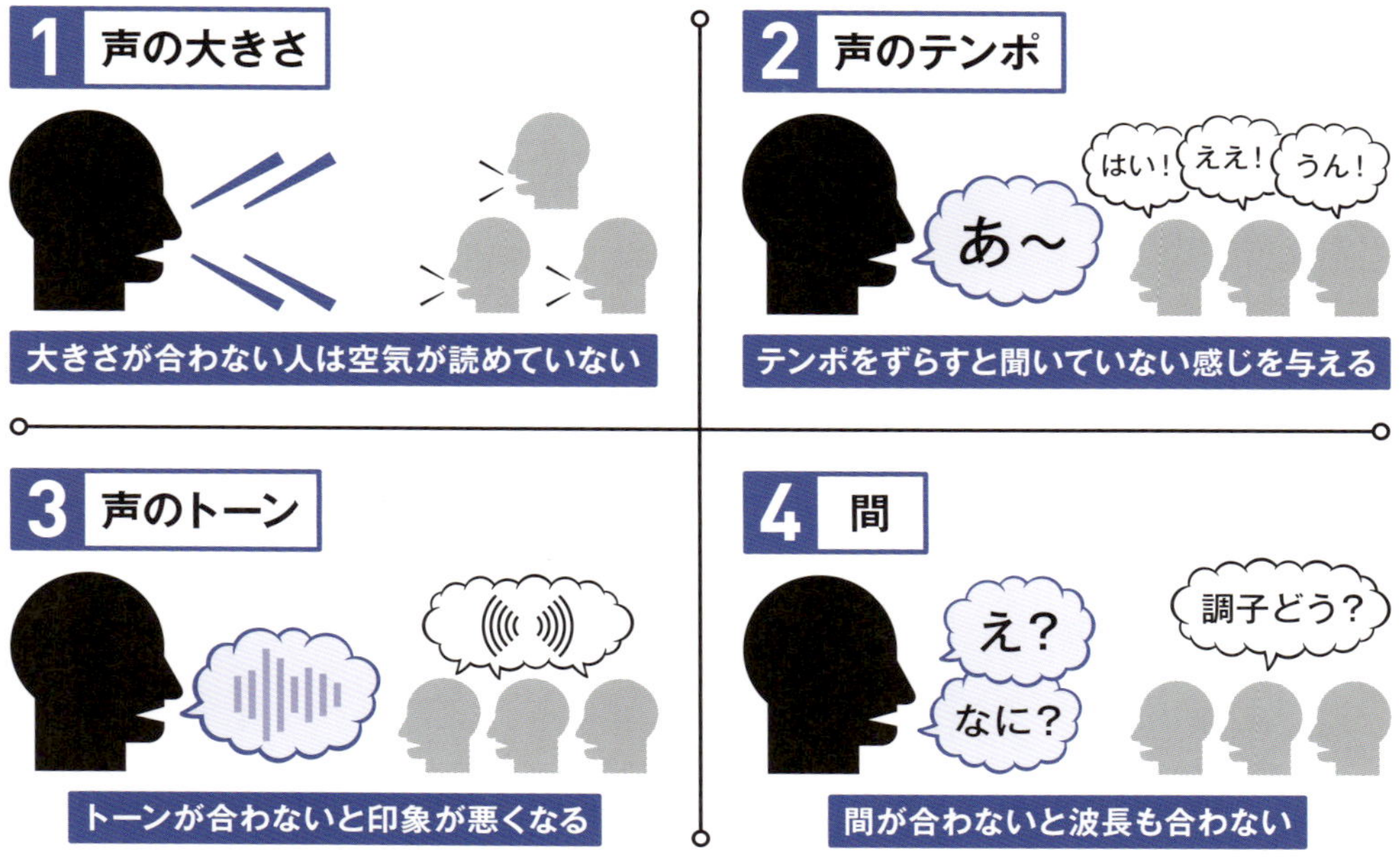
1 声の大きさ
大きさが合わない人は空気が読めていない
2 声のテンポ
あ～
はい！
ええ！
うん！
テンポをずらすと聞いていない感じを与える
3 声のトーン
トーンが合わないと印象が悪くなる
4 間
え？
なに？
調子どう？
間が合わないと波長も合わない

トーンや間を相手に合わせれば、波長が合っていく

声のトーンも大事です。

相手がボソボソ話していたら、声のトーンは低いはずです。ということは、あなたが普段声が高いタイプだとしても、声のトーンを落として相手に合わせる必要があります。

あなたの声のトーンが低い場合、トーンを上げて話すのは難しいと思います。でも、普通に歌を歌えるなら、高いトーンでも話せるはず。**改善するには、意識し続ける**しかありません。

間も大事です。

質問を投げかけても、答えがすぐに返ってこない人がいます。逆にほんの2秒の沈黙もこらえきれず、しゃべりはじめる人もいます。

人によって間は違います。相手の間を大事にして、同じ間で話していくのが、相手と波長を合わせるためのコツです。

間を合わせるには、呼吸を観察すること。息継ぎのタイミングなど、息づかいをよく聞きましょう。相手が沈黙していたら、呼吸の深さと呼吸のテンポを合わせるのです。常に意識しておきましょう。

必見！お役立ち COLUMN

相手の会話レベルに合わせて話す

「お腹すいたね。どこに行く？」の質問に、「おいしいものが食べられるところがいいな」と答える人は、目標やビジョンをつくるのが得意。「麻婆豆腐が食べたい」と答える人は、目の前のことはできても目的を見失う傾向があります。「中華がいいかな」と答える人は、その中間です。

この会話レベルの感覚がずれていると、相手と話が噛み合いません。相手に合わせて会話をすることが大切です。

CHAPTER 03

The Habits of great & poor communicators

15

成功する人は アゴをよく見て話す。

失敗する人は 話すことに夢中になる。

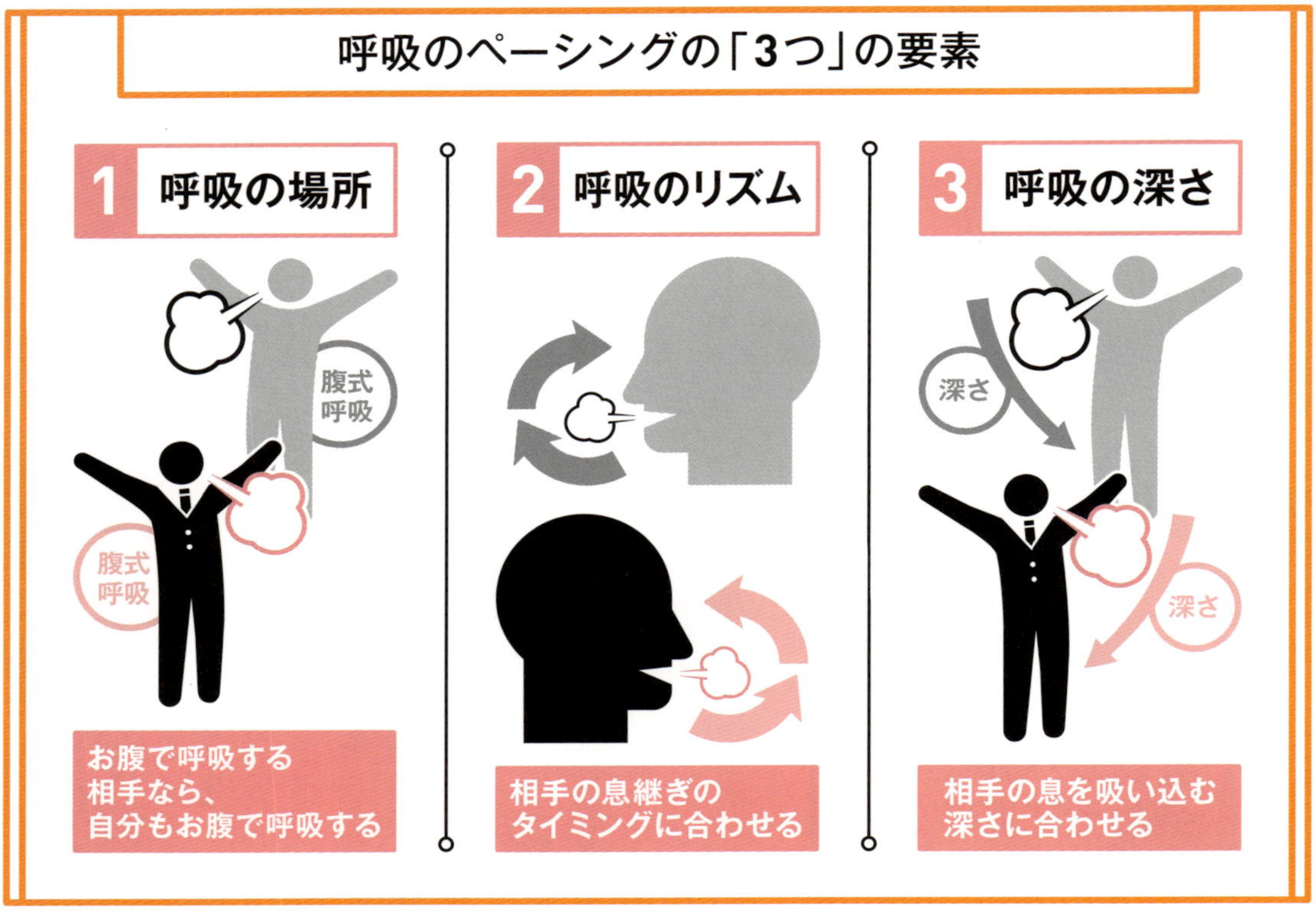

呼吸のペーシングの「3つ」の要素
1 呼吸の場所
腹式呼吸
腹式呼吸
お腹で呼吸する相手なら、自分もお腹で呼吸する
2 呼吸のリズム
相手の息継ぎのタイミングに合わせる
3 呼吸の深さ
深さ
深さ
相手の息を吸い込む深さに合わせる

ボディーランゲージは姿勢、重心、表情、呼吸を合わせる

相手の言葉をそのまま使って、声の調子を合わせたら、最後はボディーランゲージを合わせる段階に入ります。ボディーランゲージの要素は以下の4つです。

①**姿勢**
②**重心**
③**表情**
④**呼吸**

まず**姿勢**です。相手の背筋が伸びていたらこちらもピンと伸ばします。相手がリラックスして猫背なら、こちらも猫背といった具合です。

次に**重心**です。相手が右足に重心が乗っていたら、自分は左側に重心を乗せます。相手がお茶を飲むときに、右手で茶碗を持ったら、自分は左手で持ちます。そうして、動きの波長を合わせていきます。

続いて**表情**です。楽しい話をしていたら笑顔で聞きます。悲しい話は悲しい顔で、不安や苦しい話も相手と同じ表情で聞きます。

相手のアゴの動きに合わせて、アゴを動かす

最後の**呼吸には、場所、リズム、深さの3つの要素があります。**

ノドや肩で呼吸をする人、お腹で呼吸をする人、胸で呼吸をする人。まずは、相手がどの部分で呼吸しているかを観察します。

次に、しゃべっているときには息を吐きますから、相手に合わせて自分も息を吐く。息継ぎのタイミングを合わせて、自分も息を吸う。さらに、呼吸の深さも合わせます。

以上ですが、呼吸のペーシングはとても難しいです。

いろいろと研究しているうちに発見したペーシングがあります。それはアゴです。実は、**アゴのリズムや深さを合わせると、呼吸が合っていく**のです。

相手のアゴの動きに注目し、相手のアゴの動きに合わせて、同じリズムや深さでアゴを動かします。相手とピッタリのリズムでアゴが動くようになると、親密な関係が築いていけるようになります。

アゴのペーシングを徹底的に練習していくと、数週間で驚くほど人間関係が変わります。

必見！お役立ち COLUMN

相手の話に興味がなくても、質問で盛り上げる

話す相手が自分の知らない分野の話題をしはじめたときは、質問で盛り上げましょう。興味のない話でも、質問をして教えてもらうのです。相手の生徒になって、リスペクトを表しながら質問するのがポイントです。

得意なことや好きなことに対して、いろいろ聞いてもらえたらうれしいものです。あなたと話をして楽しい気分になれば、相手はあなたを応援する人になってくれるでしょう。

アゴの動きを合わせると、呼吸が合っていく

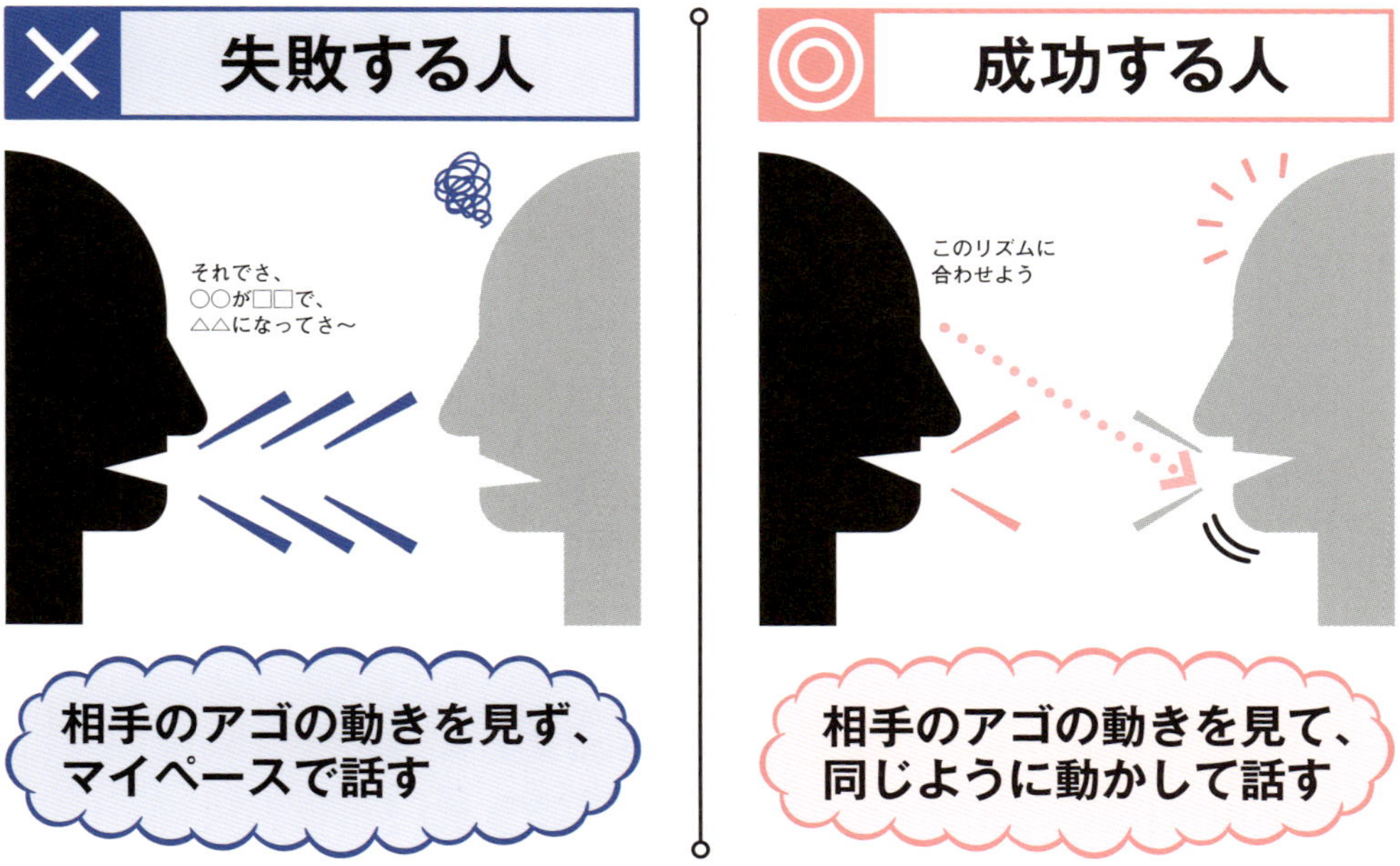
失敗する人
それでさ、
○○が□□で、
△△になってさ～
相手のアゴの動きを見ず、
マイペースで話す
成功する人
このリズムに
合わせよう
相手のアゴの動きを見て、
同じように動かして話す

CHAPTER 03

信頼されるようになる「距離の縮め方」編

まとめ

SUMMARY 1 話し方で成功する人は **アイコンタクトを心がけている！**

SUMMARY 2 話し方で成功する人は **誰とでも波長を合わせる！**

SUMMARY 3 話し方で成功する人は **キーワードひとつだけのオウム返しが得意！**

SUMMARY 4 話し方で成功する人は **相手の話し方をマネる！**

SUMMARY 5 話し方で成功する人は **相手が望んでいるレベル感で話す！**

SUMMARY 6 話し方で成功する人は **相手をよく観察する！**

SUMMARY 7 話し方で成功する人は **知らない話題でも積極的に関わる！**

CHAPTER

04

話し方で
「成功する人」と
「失敗する人」の習慣

できる人に思われる、わかりやすい

「伝え方」編

The Habits of great & poor communicators

成功する人は結論から話す。
失敗する人は理由から話す。

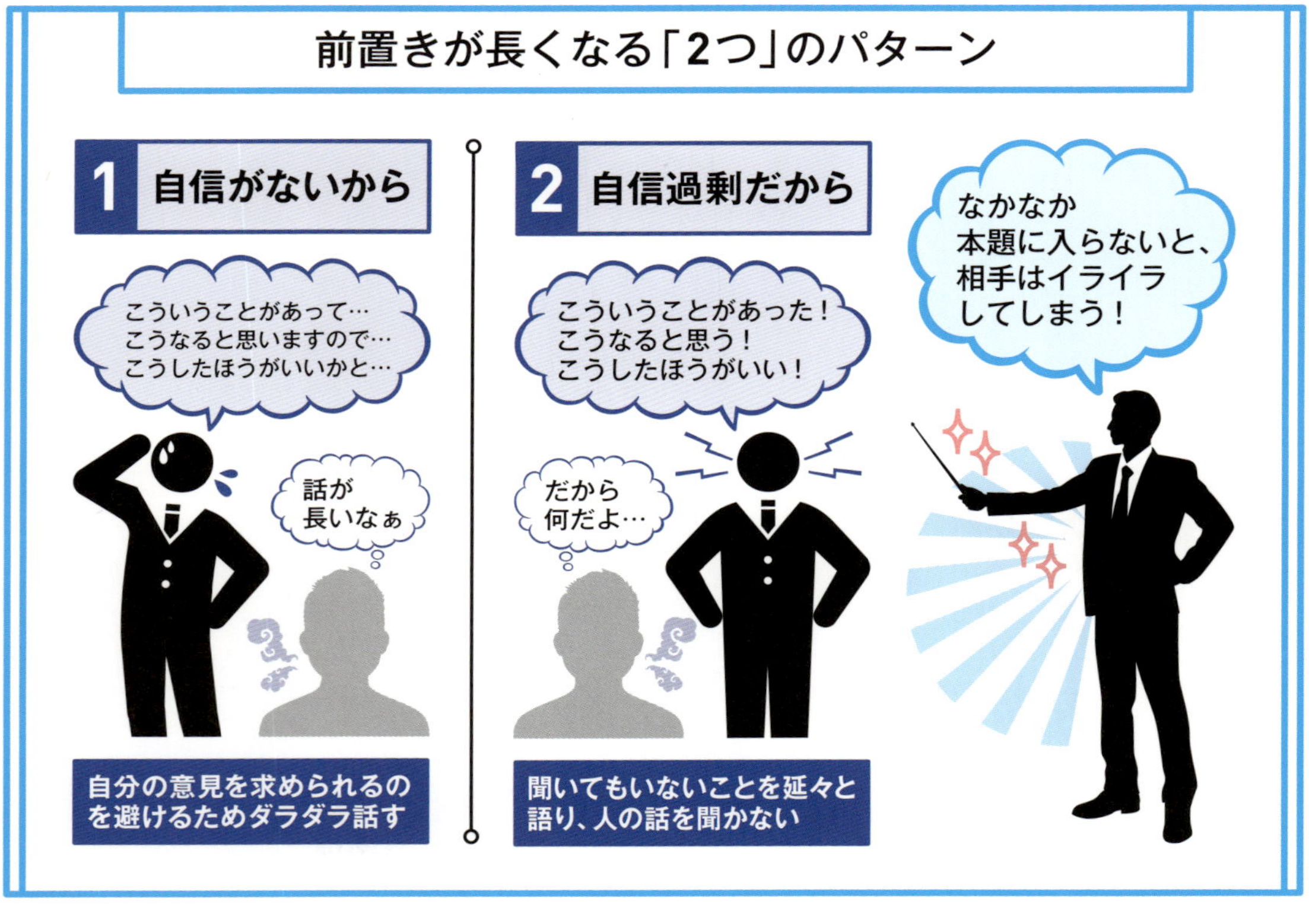
前置きが長くなる「2つ」のパターン
1 自信がないから
こういうことがあって…
こうなると思いますので…
こうしたほうがいいかと…
話が長いなぁ
自分の意見を求められるのを避けるためダラダラ話す
2 自信過剰だから
こういうことがあった！
こうなると思う！
こうしたほうがいい！
だから何だよ…
聞いてもいないことを延々と語り、人の話を聞かない
なかなか本題に入らないと、相手はイライラしてしまう！

前置きが長いのは、「自信がない」か「自信過剰」のどちらか

私がサラリーマンだった頃に、「オマエの話は長い！　結論から話せ！」と上司によく怒られました。前置きが長くなってしまうパターンは、概ね2つあります。

①自信がない

話の内容は、次の3つに分類できます。

1：「こういうことがありました」という、事実。
2：「たぶん、こうだと思います」という、自分の予想。
3：「こうした方がいいと思います」という、自分の意見。

長い前置きをなくして簡潔に話すと、「事実」「予想」「意見」のどれを述べているかが明確になります。

自信がない人は責任を回避したいという意識があり、意見を求められてもはっきりと答えたくありません。そこで**自分の意見を求められるのを避けるために、ダラダラと状況の報告をする**のです。

②自信過剰

反対に、自分に自信がありすぎて自説を延々と語るのが自信過剰パターン。**聞いてもいないことについて、延々と語り、人の話をきちんと聞けない**タイプです。

いずれのタイプにしても、「結論から話してくれ」とお願いしないと直りません。

まずは結論から伝える習慣を身につけよう

話し方で成功する人は、ロジカルシンキングを身につけています。

ロジカルシンキングには、4つの手順があります。

①冒頭で結論を一言で言う
②結論の理由をおおまかに言う
③理由を詳しく述べる
④最後にもう一度結論を述べる

前置きが長い人は、③の理由を詳しく述べるところから話しはじめるので、失敗します。

そこで、**まずは結論から伝える習慣を身につけていきましょう。**結論を伝えて「その理由は?」と聞かれたら、多くても理由を3つに絞って話すのがコツです。これも習慣づけておくと、とてもわかりやすく伝えることができます。

必見！お役立ち COLUMN

「受け身で待っているだけ」では何も起きない

人間関係でうまくいかない人は、周りから「してもらえる」ことを期待します。「受け身で待っているだけ」ということが多いのです。しかし、相手に何をして欲しいかは伝えないので、相手が気づくことはほとんどありません。それなのに期待したことをしてもらえなかったときには、文句を言いはじめます。

自分の想いを言葉で伝えようとする努力を放棄してはいけません。

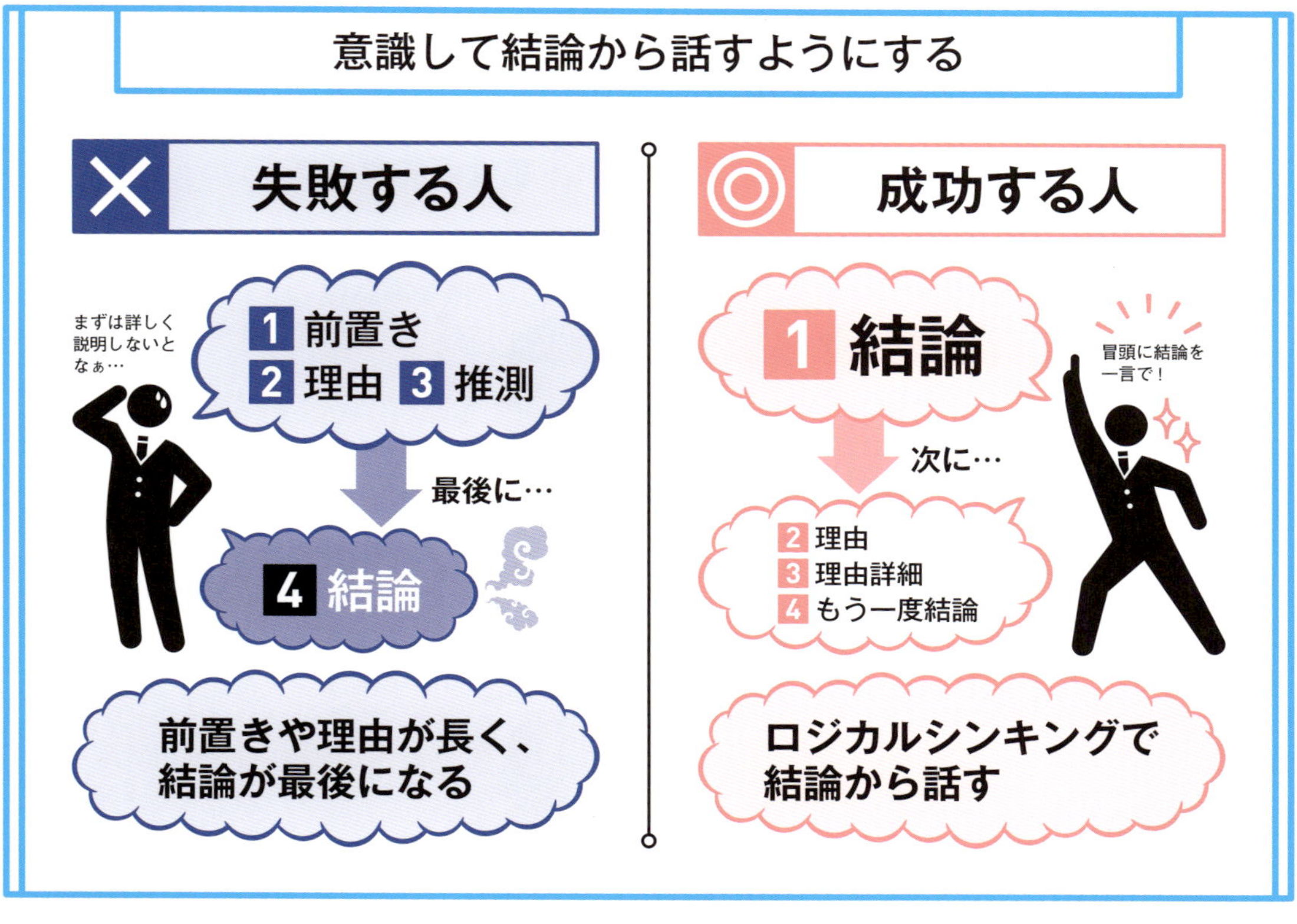
意識して結論から話すようにする
失敗する人
まずは詳しく説明しないとなぁ…
1 前置き
2 理由 3 推測
最後に…
4 結論
前置きや理由が長く、結論が最後になる
成功する人
1 結論
冒頭に結論を一言で！
次に…
2 理由
3 理由詳細
4 もう一度結論
ロジカルシンキングで結論から話す

17

成功する人は 相手によって伝え方を変える。

失敗する人は いつも同じように伝える。

優先する感覚によって、言葉の使い方・響き方が変わる

人は五感を使って情報を取り入れています。しかし、人によって優先して使う感覚が違います。また、優先する感覚によって言葉の使い方・響き方も変わります。

①視覚優先タイプ

脳の中で描いた絵や動画を思い描いて、そのイメージに優先してアクセスするタイプ。携帯電話を選ぶときの判断基準は、デザインや色です。

②聴覚優先タイプ

脳の中で聞こえる言葉や音を優先してアクセスするタイプ。携帯電話を選ぶときの判断基準は、何よりも音質です。

③身体感覚優先タイプ

体の感覚や、感情に優先してアクセスするタイプ。携帯電話選びは、手にしたときの感触が決め手になります。

④理論優先タイプ

五感は使わず、自分との対話が中心で、理論が得意なタイプです。

優先して使う感覚は、人によって違う

1 視覚優先タイプ
携帯電話は見た目で選ぶ
2 聴覚優先タイプ
携帯電話は音質で選ぶ
3 身体感覚優先タイプ
携帯電話は感触で選ぶ
4 理論優先タイプ
携帯電話は機能で選ぶ

相手がどのタイプか見極めて伝える

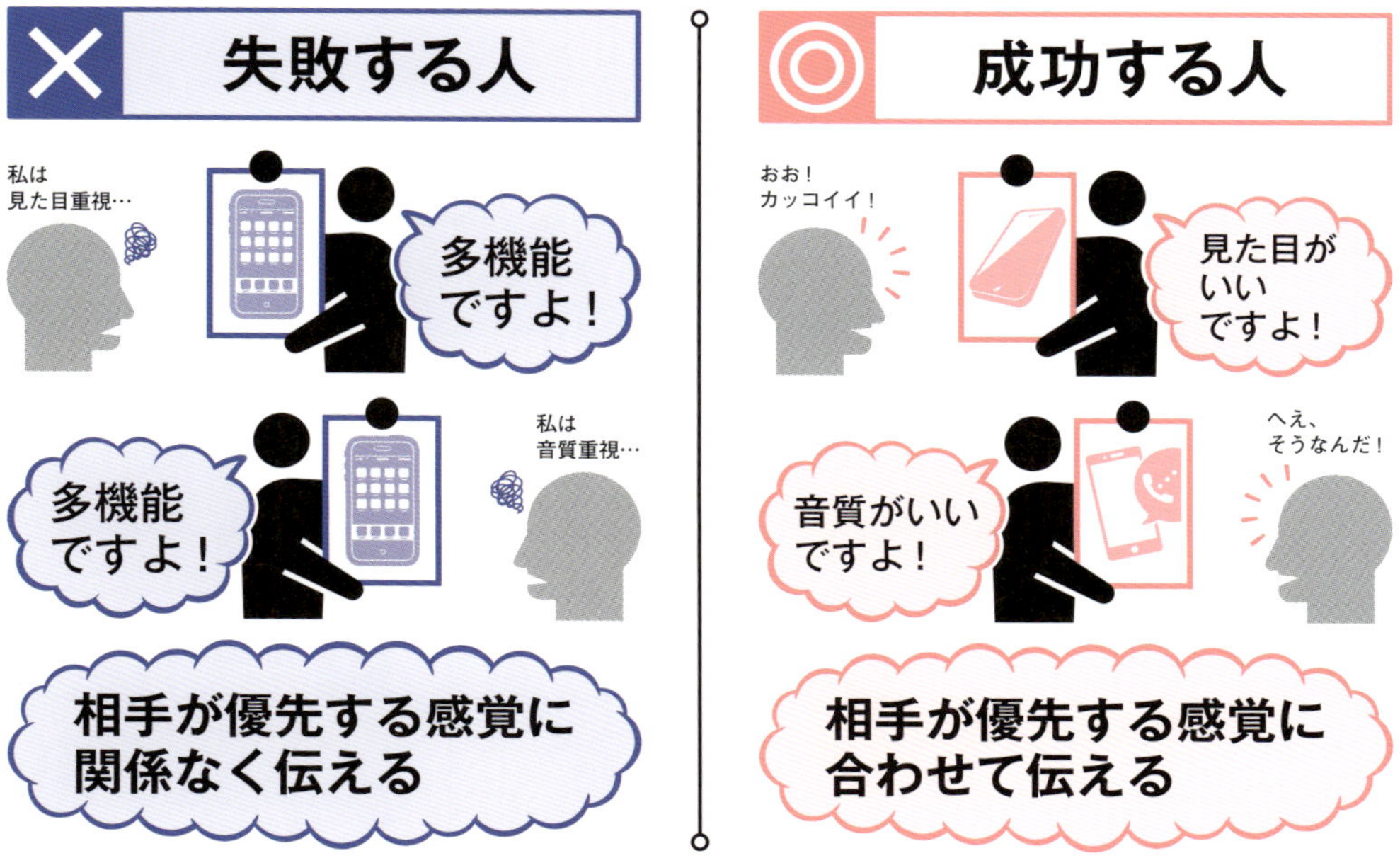
×
失敗する人
私は
見た目重視…
多機能ですよ！
多機能ですよ！
私は
音質重視…
相手が優先する感覚に関係なく伝える
◎
成功する人
おお！
カッコイイ！
見た目がいいですよ！
音質がいいですよ！
へぇ、
そうなんだ！
相手が優先する感覚に合わせて伝える

携帯電話は、とにかく多機能なものを選びます。

4つのタイプのそれぞれに合った表現が必要

相手のタイプによって、伝わる表現が違うので、それぞれに合った表現が必要になります。

視覚タイプには、見える話をします。

「世間には、こんな風に見られるようになりますよ」

聴覚タイプには、聞こえる話をします。

「世間には、こんな風に言われますよ」

身体感覚タイプには、感じる話をします。

「世の中の役に立っていると感じられるようになりますよ。そうしたら気分がいいですよね」

理論タイプには、数字と理論をしっかりと言います。

「心理学的に言って、五感を使いこなすのがベストなんです」

臨機応変に使う言葉を変えるのは難しいですが、相手がどのタイプなのかしっかりと見極める練習をしていくことで、精度がどんどん上がるでしょう。

話し方で成功する 3 POINT

1. 情報の取り入れは、人によって使う感覚が違う
2. 視覚、聴覚、身体感覚、理論の4つのタイプがいる
3. 相手のタイプを見極めて言葉を変えれば、相手に伝わる

18

成功する人は 小学生でもわかるように話す。

失敗する人は 頭がいい人だと見えるように話す。

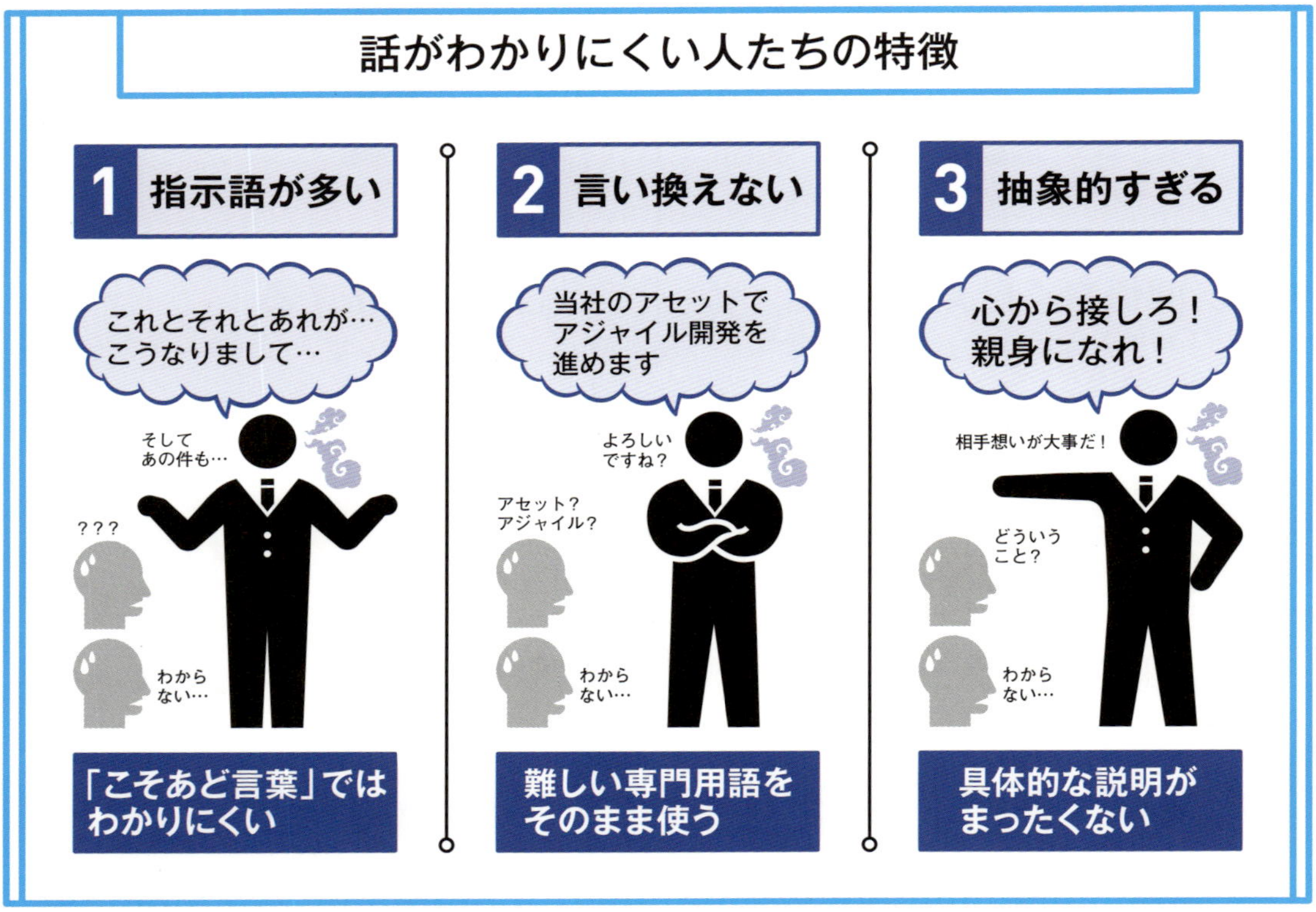
話がわかりにくい人たちの特徴
1 指示語が多い
これとそれとあれが…
こうなりまして…
そして
あの件も…
???
わから
ない…
「こそあど言葉」では
わかりにくい
2 言い換えない
当社のアセットで
アジャイル開発を
進めます
よろしい
ですね？
アセット？
アジャイル？
わから
ない…
難しい専門用語を
そのまま使う
3 抽象的すぎる
心から接しろ！
親身になれ！
相手想いが大事だ！
どういう
こと？
わから
ない…
具体的な説明が
まったくない

「こそあど言葉」「言い換えない」「抽象的」はダメ

話がうまくて、人を巻き込んでいく人たちの特徴は、話がとてもわかりやすいことです。逆に話がわかりにくい人たちの特徴を挙げてみます。

① 指示語が多い

わかりにくい人の話は、「こそあど言葉」が多いです。何を指しているのかがわかりにくく、会話を混乱させてしまうのです。「こそあど言葉」とは、「これ・それ・あれ・どれ」のような指示代名詞の総称です。

② 言い換えない

会話中に専門用語を使って、相手の反応が悪かったら、すぐに他の言葉に言い換えるのが、話し方で成功する人です。うまくいかない人は、相手に対する思いやりが欠けているために、語彙が通じていないように感じても、同じ語彙を何度も繰り返したり、ゆっくり言い直したりするだけです。

③抽象的すぎる

話がわかりにくい人は、以下のような抽象的な会話が多いです。


「お客様には心から接しろ！」

「心から接するとは、どういうことでしょう？」

「相手想いが大事だってことだ！」

「具体的にはどうすれば？」

「もっと親身になればいい！」

「（全然、具体的じゃない……）」

五感の使い方は、視覚優先、聴覚優先、身体感覚優先に分かれる

前項でも述べましたが、五感の使い方は人それぞれ違っていて、視覚優先、聴覚優先、身体感覚優先の3つのタイプに分かれます。

身体感覚優先の人は、抽象的な言葉が多い傾向にあり、体や気持ちで感じた感覚が中心になります。この感覚は言葉にしづらく、抽象的な言葉で表現しがちなので、視覚や聴覚が優先の人にとってはわかりにくくなってしまいます。このような人は、できるだけ数字を使うように意識すると、具体的な会話が成り立ちます。

いずれにしても、**10歳児にもわかるように話すことが、話し方で成功する人たちの共通点**です。

話し方で成功する 3 POINT

1. わかりにくいのは、「こそあど」言葉で、言い換えず、抽象的に話す人
2. 身体感覚優先だと、言葉が抽象的になりがち
3. できるだけ数字を使うようにすると、具体的な会話が成り立つ

「数字を使う」などの工夫をして、具体的に話す

失敗する人
売上はイマイチです
イマイチじゃわからん！
今月はこんな感じですね～
感覚優先で話して、抽象的に伝える
成功する人
売上は前月比10%ダウンです
なるほど！
こちらが資料です
感覚を排して、具体的に伝える

19

成功する人は Iメッセージで話す。
失敗する人は YOUメッセージで話す。

「〜しなさい！」という言い方だと、相手は防御の姿勢に

ある男性に聞いた話ですが、その人の奥さんに言われると、なんだか断れないうちに、頼まれごとをやってしまうそうです。

お話を聞いてみると、奥さんは、潜在意識を動かす見事な心理技術を使いこなしていました。

「ゴミを捨ててきて」

このように、頭ごなしに命令することは、ほとんどないと言います。もし、そのように命令されたなら、「今はめんどくさいよ」とか、「もうちょっとゴミが溜まってからでいいよ」というように、やらない言い訳を引き出してしまいます。

このように、**「（あなたは）、〜をしてよ」という依頼の方法を、「YOU（あなた）メッセージ」**と呼びます。

「（あなたは）〜しなさい！」という言い方は、強い命令と強制を要求することになります。この依頼方法ですると、相手は瞬時に防御の姿勢に入ります。

「〜だけど？」という言い方は否定する要素がない

これに対して、その男性の奥さんがいつも使う頼み方は、

「ゴミを捨ててきてもらえると、助かるんだけど？」

このフレーズを分析すると、Iメッセージを使い、さらに質問型になっていることがわかります。

「ゴミを捨ててきてもらえると、（私は）助かるんだけど？」と、**主語を「私」にした伝え方を「I（私）メッセージ」と言います。命令形ではなく、自分の感想を伝えています。**この言い回しだと、自分の感想を口にしているだけで、命令や強制をしている感覚がありません。**相手は責められている気がしないので、頼みごとを受け入れやすくなります。**

さらに、締めくくりで疑問形を使い、質問を投げかけるような言い方をしているので、ご主人からすれば、奥さんを否定する要素がありません。

「そうか、じゃあ捨ててくるよ」

こう返すのが自然なので、結局ゴミを捨てに行くことになります。

この「Iメッセージ」を、ぜひ習慣にしてください。

話し方で成功する 3 POINT

1. 「YOUメッセージ」は、相手を瞬時に防御の姿勢にさせる
2. 「Iメッセージ」は、自分の感想を伝えているだけ
3. 質問を投げかけるような言い方だと、相手を否定する要素がなくなる

自分の感想を言うことで、相手に行動させる

× 失敗する人

強い命令と強制を
要求する言い方だと…

相手は瞬時に防御の
姿勢に入ってしまう

◎ 成功する人

感想と質問を投げかける
「(私は)〜だけど？」なら…

否定する要素がなく、
相手が受け取りやすくなる

CHAPTER 04

できる人に思われる、わかりやすい「伝え方」編

まとめ

SUMMARY 1
話し方で成功する人は
説明が短い！

SUMMARY 2
話し方で成功する人は
ロジカルシンキングを身につけている！

SUMMARY 3
話し方で成功する人は
自分の気持ちを言葉にして表す！

SUMMARY 4
話し方で成功する人は
相手に響く言葉を見つける！

SUMMARY 5
話し方で成功する人は
難しい専門用語は使わない！

SUMMARY 6
話し方で成功する人は
数字などを使って具体的に話す！

SUMMARY 7
話し方で成功する人は
命令や強制を感じさせない頼み方をする！

CHAPTER

05

話し方で「成功する人」と「失敗する人」の習慣

仕事がうまくいく

「話し方」編

The Habits of great & poor communicators

20

成功する人は 雑談をする。
失敗する人は ムダ話をしない。

コミュニケーションは積み重ねが大切
朝、会社で最初に会ったときに
おはよう！ 今日は気合いが入ってるな！
おはようございます！
いつも声をかけてくれるな
30分×1回より 3分×10回の方が 親密な人間関係になります！
仕事の合間に
昨日のサッカーの代表戦、見たか？
いい試合でしたね！
はい！ 見ました！

親密な人間関係は、日頃の積み重ねが大切

「ムダ話は禁止」。そんな会社もありますが、成功する人ほど雑談の重要性を知っています。

私が尊敬する上司は、共通して「部下への声がけ」が多かったです。「おはよう！　今日は気合が入ってるな！」など、ポジティブな気分になる声がけをされました。また、合間に天気やスポーツなど、他愛もない話をしていました。

私が支店長になると、彼らに「朝は部下の顔をしっかり見て、コンディションを把握しろ。そして、声をかけろ。話しかけられなかった部下は、離れていくぞ」と教わりました。

これらの声がけは、実は、部下の掌握のためだったのです。

ある心理学の調査では、**人間関係で大事なことは、1回に接する時間の長さよりも、接する回数**だと言われています。

つまり、60分1回よりも、20分3回の商談をした方が効果的だと

いうことです。社内でも、会議室で30分面談をするよりも、3分間の会話を10回交わした方が、親密な人間関係になります。

雑談が心の扉を開かせてくれる

「休憩時間が苦痛。仕事以外の話をするのが苦手で」という相談がきっかけで出版した『あたりまえだけどなかなかできない雑談のルール』（明日香出版社）で紹介したのですが、**「雑談とは、人とのつながりを確認する作業」**です。

雑談をしない人は、「あなたとはビジネスライクなつき合いだけをしたい。つまり、親しい関係になりたくない」というメッセージを放っています。

話し方で成功する人は、**いきなり本題には入らず、充分な雑談で家の扉を開けてもらい、居間に通されてから本題に入る**ようなイメージです。

話し方で失敗する人は、心の扉を開けようとせず、家の中の人に対して、道から呼びかけているようなものです。

雑談を積極的にすることで、人間関係が変わるのです。

必見！お役立ち COLUMN

雑談の場は、上司と部下を親密にする

雑談ができない職場にいる人ほど、孤独を感じてしまうものです。

できる上司ほど、盛んに雑談をします。厳しい人ほど、フォローの意味も兼ねて、雑談で親密な人間関係をつくるのです。

また、部下にとって雑談の場は、自分のアイデアを提案するチャンスです。会議などと違って気軽に言えますし、上司の本音も知りやすいから、貴重な時間になります。

21

成功する人は 相手のプライドを尊重する。

失敗する人は まっこうから否定する。

部下の意見を「受け入れたら負け」だと思っている

「課長、こういうときは、□□の対応をしたらいいと思うのですが」

すると、課長は必ず否定します。

「それじゃダメなんだよ。ダメな理由はな、○○という理由と、△△という理由があるだろ」

「ではどうしたらいいでしょう?」

「自分で考えろ!」

このように、意見を言うと、必ず否定する癖を持つ上司がいました。しかも、否定したにもかかわらず、しばらく経つと私の提案を採用しているのです。

いちいち否定する上司は、「部下の意見を受け入れたら負け」という気持ちがあります。 とにかく負けん気が強いので、部下への対抗意識が強く、決して賛成しません。

もちろん、負けず嫌いが悪いということではありません。ですが、子供っぽさが残る負けず嫌いは、相手の話を否定せずに聞けません。

部下の意見を受け入れるということは、部下より下になるという、

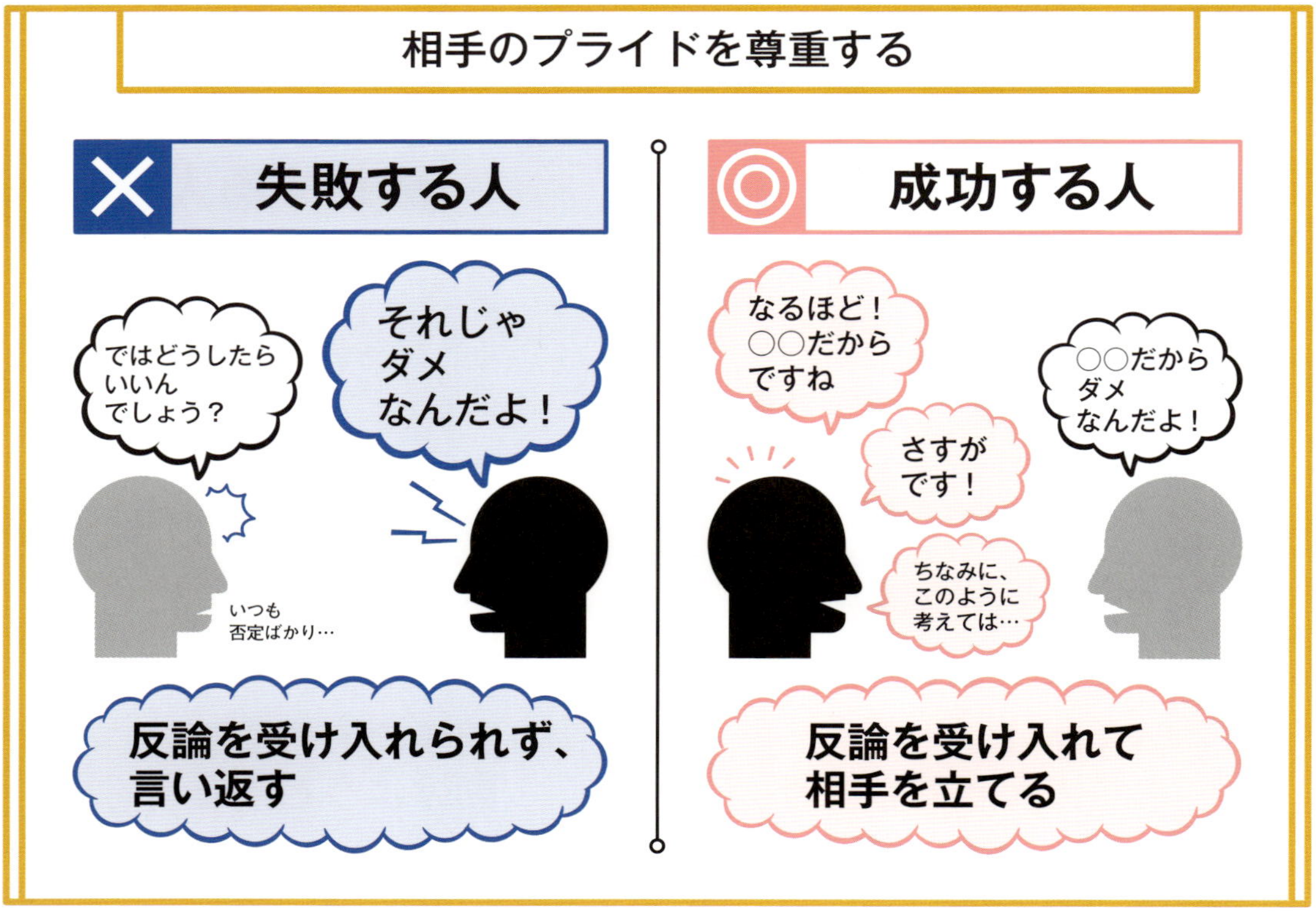
相手のプライドを尊重する
失敗する人
ではどうしたらいいんでしょう?
それじゃダメなんだよ!
いつも否定ばかり…
反論を受け入れられず、言い返す
成功する人
なるほど!○○だからですね
○○だからダメなんだよ!
さすがです!
ちなみに、このように考えては…
反論を受け入れて相手を立てる

否定的な相手への対処法

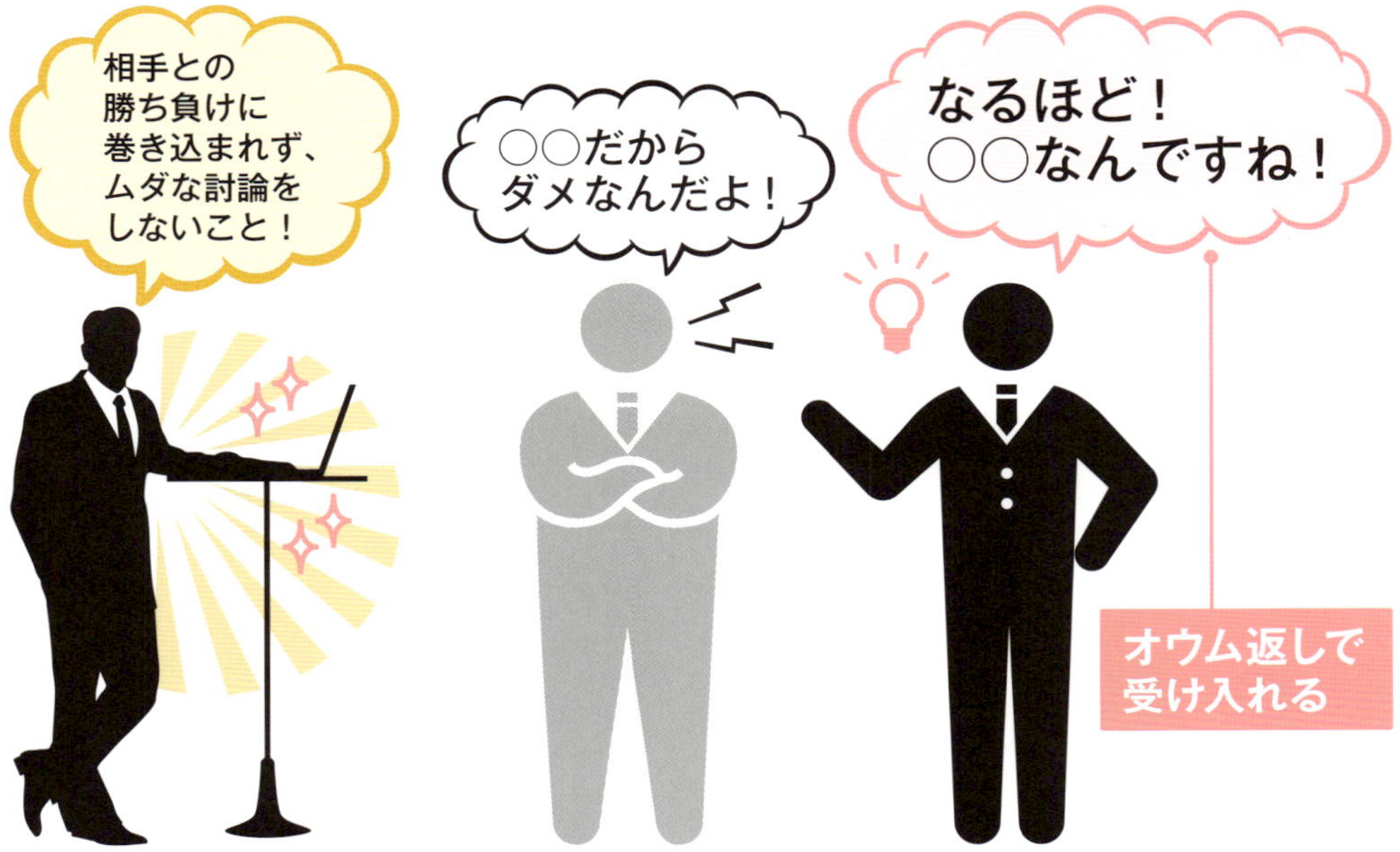
相手との
勝ち負けに
巻き込まれず、
ムダな討論を
しないこと！
○○だから
ダメなんだよ！
なるほど！
○○なんですね！
オウム返しで
受け入れる

間違った危機感を持ってしまうのです。

相手のプライドを尊重し、ムダな討論をしない

話し方で成功する人は、上司の子供の部分に波長を合わせず、ムダな討論をしません。

「それじゃダメなんだよ。ダメな理由はな、○○という理由と、△△という理由があるだろ」

「なるほど、○○という理由ですね」

「ああ。だから、ダメなんだよ」

「さすが課長ですね！　そこには気づきませんでした」

「まあな。まあ、お前のアイデアも悪いわけじゃないけどな」

「ありがとうございます。ダメな理由はわかりました。ちなみに、こう考えてみるといかがでしょうか？　そうすると、私のアイデアも実現性はあるかと思いますが」

このように、相手との勝ち負けに巻き込まれず、オウム返しでそのまま受け止め、相手を立てれば、突破の道は開かれていきます。

反論を受け入れて、相手を否定せず、賞賛しつつ、自分の意見をじっくりと説明しましょう。

必見！お役立ち COLUMN

成功する人は、謙虚な姿勢で周りに感謝する

成功する人は、嫉妬を避けるように、周りに配慮して話をします。謙虚な姿勢で、周りへの感謝を述べます。謙虚さを忘れると嫉妬され、足を引っ張られるでしょう。

逆に、人の成功をうらやみ、嫉妬することがあるかもしれません。そんなときは、その感情をモチベーションに変え、自分を成長させましょう。学ぶチャンスを逃さず、自分を高めていくのが、成功する人なのです。

22

成功する人は だまる。
失敗する人は よく話す。

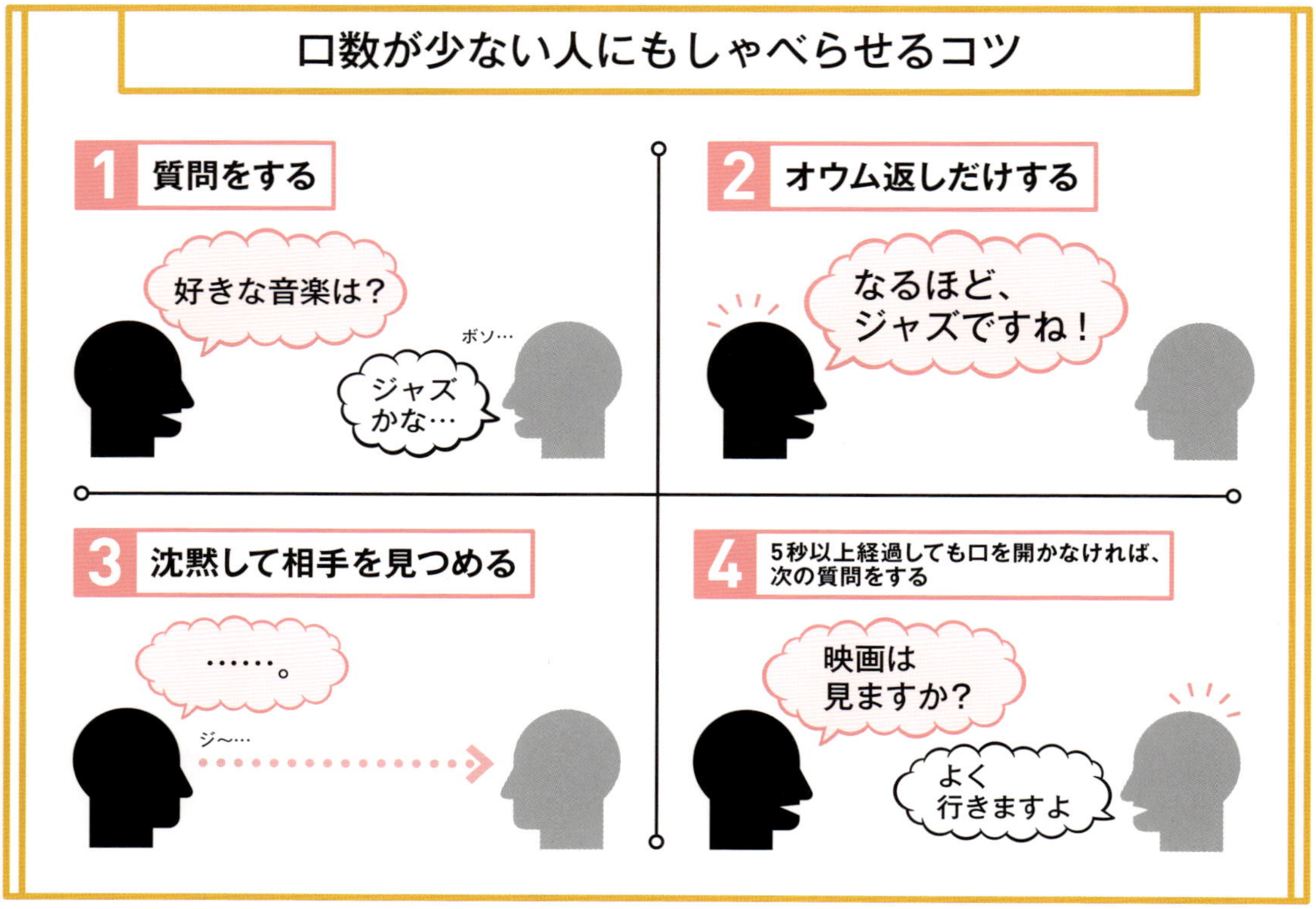
口数が少ない人にもしゃべらせるコツ
1 質問をする
好きな音楽は？
ボソ…
ジャズかな…
2 オウム返しだけする
なるほど、ジャズですね！
3 沈黙して相手を見つめる
……。
ジ〜…
4 5秒以上経過しても口を開かなければ、次の質問をする
映画は見ますか？
よく行きますよ

口が重い人にも ポロポロ本音を しゃべらせるコツ

相手の考えや希望を聞き出せたら、コミュニケーションは円滑に進むでしょう。しかし、口が重い人、口数が少ない人から本音を引き出すのは大変です。それでも、相手にいつの間にか、本音をしゃべらせるコツがあります。

①質問する
②答えが返ってきても、余計なことをしゃべらずにオウム返しだけする
③沈黙して、相手を見つめる
④5秒以上経過しても口を開かなければ、次の質問をする。

ポイントは、**「オウム返しだけして、沈黙する。そして待つ」。いくら口が重い人でも、沈黙されるとポロポロと本音がこぼれてきます。**

沈黙を使いこなして、相手にしゃべらせる

高級掃除機の営業をしていたと

き、新入社員に同行して営業指導をしたことがあります。

普段は話題が豊富で、コミュニケーション能力が高いのに、売れないで困っていました。

新人「お客様、今はどんな掃除機をお使いですか?」

お客「えーと、確か……」(新人が割り込む)

新人「排気が臭いでしょう?」

お客「まあ、臭いと言えば……(何か言いかけるが新人が割り込む)」

新人「排気が臭いのは、細かいホコリが噴き出しているから……」

この新人は沈黙恐怖症で、質問しても2秒以上の間があると、自分で答えたり、他の質問に言い換えたりしていたのです。

お客様はそのうち、「はい」しか言わなくなってしまいました。

相手が営業なら、お客様は警戒して当たり前です。でも、その警戒心を解いて、ペラペラしゃべらせることができなければ、心を動かすことはできません。

しゃべらせるために大事なのが、相手がしゃべる時間です。その時間を生み出すのが「沈黙」です。

相手が警戒していたら、沈黙を使いこなして、相手にしゃべらせていく。これがコミュニケーションの達人のワザです。

話し方で成功する 3 POINT

1. 相手の答えをオウム返しして、相手を見つめて沈黙する
2. 沈黙して相手がしゃべる間をつくる
3. 沈黙を使いこなして、相手に本音をしゃべらせる

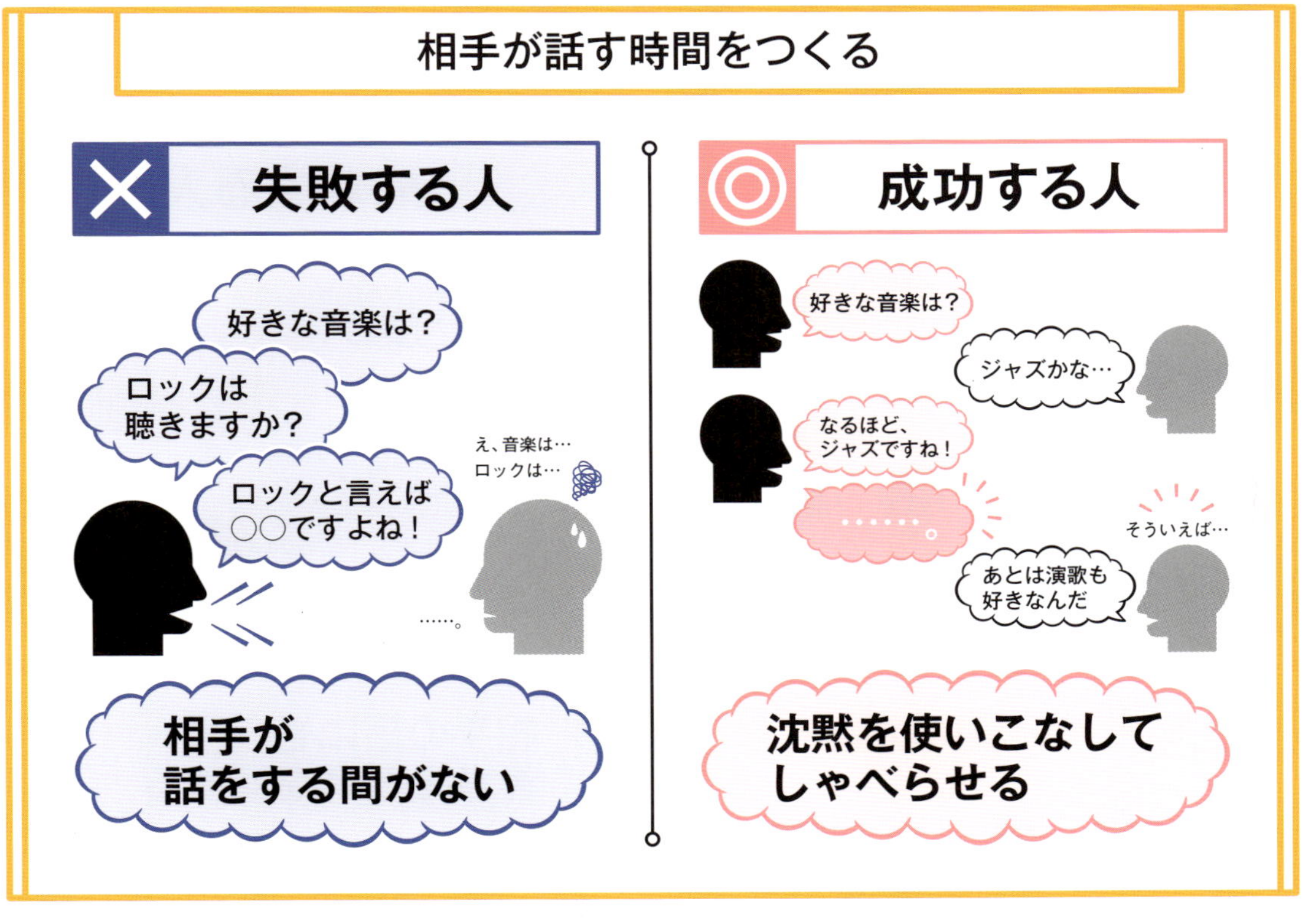

相手が話す時間をつくる
失敗する人
好きな音楽は?
ロックは聴きますか?
ロックと言えば○○ですよね!
え、音楽は…
ロックは…
……。
相手が話をする間がない
成功する人
好きな音楽は?
ジャズかな…
なるほど、ジャズですね!
……。
そういえば…
あとは演歌も好きなんだ
沈黙を使いこなしてしゃべらせる

23

成功する人は 慎重に話す。
失敗する人は 調子に乗って話す。

トークがうまくなればなるほど、売れなくなる

営業マンは、たいていは1カ月もすれば、商品について流暢にしゃべれるようになります。

実はそこからが、不幸のはじまり。成績が上昇するかと思いきや、売れなくなってしまうのです。

トークがうまくなると、一方的にしゃべる量が増えます。

トークがヘタだった頃は、話すネタも少ないので、お客様の話をよく聞きます。ところが、慣れてくると、自信満々にセールストークを機関銃のように撃ちまくるようになります。

すると、お客様の話を聞かなくなります。**セールストークにとらわれすぎると、一方的にしゃべるようになり、お客様の話を聞けなくなる**のです。

ほとんど雑談せず、営業マンのペースで進めるために、質問攻めと、説明攻めをはじめます。

さらに慣れてくると、お客様が何か言いかけると、すぐに話を横

一方的に話さずに、相手の話を聞く
失敗する人
他に聞きたいことがあるのに…
ペラペラペラペラ！
この掃除機は最新式の…
排気もクリーンでして…
今、一番売れていまして…
自分の話ばかりを一方的に話す
成功する人
年を取ると力が弱くなって…
でしたら、軽い掃除機がいいですよね！
機械、苦手なのよね…
シンプルな機能のものもありますよ！
じゃあこれにするわ！
相手の話にもきちんと耳を傾ける

知識やウンチクをひけらかさない

知識量、
情報量の多さが
自分の素晴らしさ
ではない！
やっぱり車は、
ドイツ車が
歴史あるし…
年式が古くても
エンジン性能が
いいから
走りが秀逸で…
へえ～
すごいですね
興味ない
のに…

取りし、お客様が話し終わらないうちに、自分が割り込んで、ペラペラ話しはじめるようになります。

事前に準備したトークやネタを話したいという思いが強すぎて、一方的に繰り広げてしまうのです。その結果、売れない営業マンができ上がっていきます。

知識量、情報量が自分の価値を高めると勘違いする

特に、**知識やウンチクが好きな男性は要注意**です。

知識量、情報量の多さが、自分の素晴らしさだと考えている人がけっこういます。

そのようなタイプは、相手の興味があるかどうかも確認しないで、自分の得意分野を話します。

例えば、デートでも、ウンチクを披露します。すると、コミュニケーション能力の高い女性なら、「すごいですね！」と言って盛り上げてくれるでしょう。

それで、ますます調子に乗って話し、デートがうまくいったと勘違いします。

ところが、次のデートに誘おうとすると、途端に女性は、「仕事が忙しくて…」となるのです。

必見！お役立ち COLUMN

上達のコツは何度も練習して、自分を知ること

話し方の上達には、練習の数が大切です。

あのスティーブ・ジョブズでさえ、新製品の発表では、完璧な台本をつくり、本番と同じ舞台で何度も練習したそうです。

自分の話に集中してしまうと、客観的に見るのが難しくなるので、練習は録画します。

自分が話している姿を見るのは苦痛ですが、自分を知り、落ち込むことも必要です。そこから、大きな成長が起きるのです。

成功する人は 準備万端。

失敗する人は ぶっつけ本番。

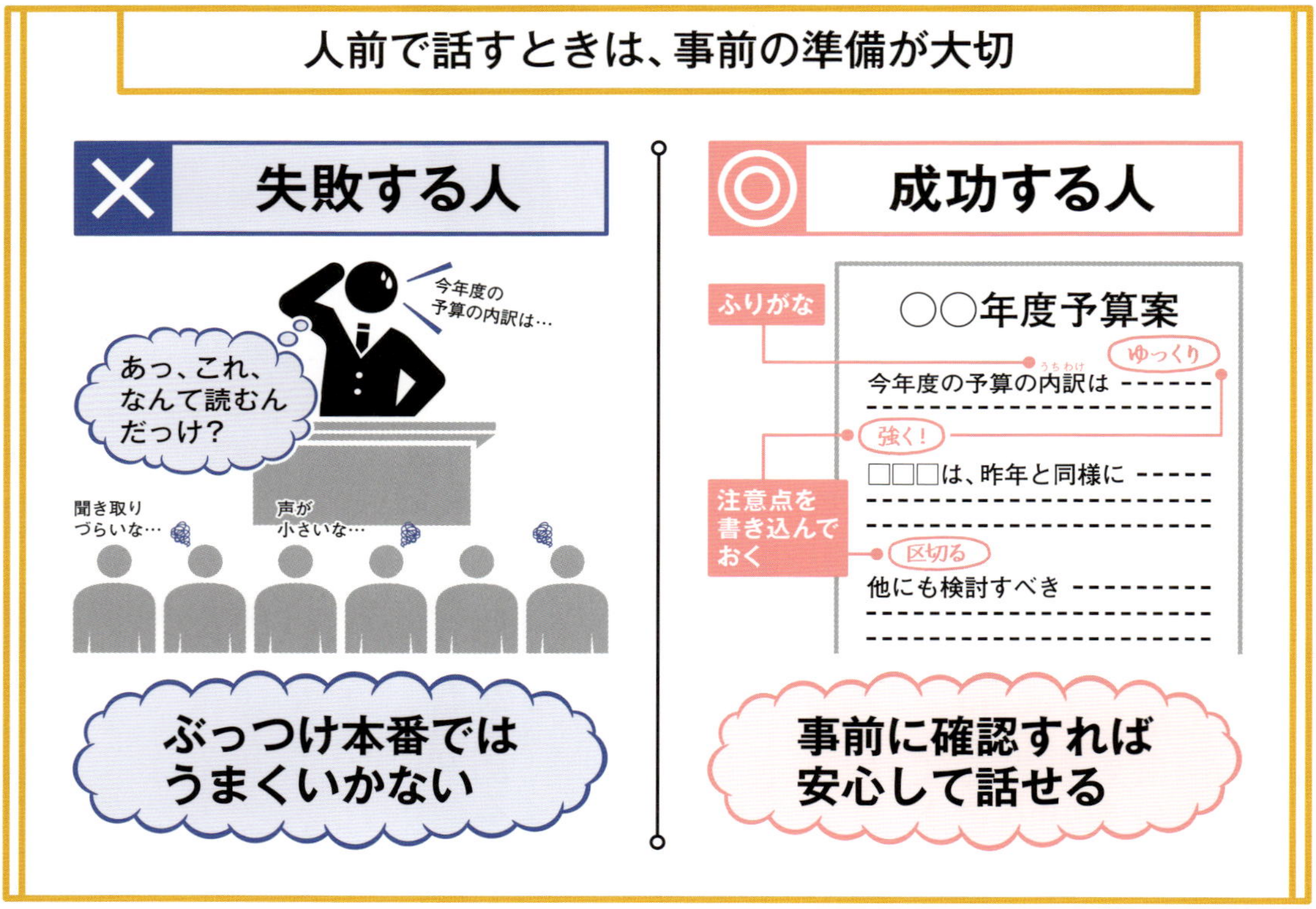
人前で話すときは、事前の準備が大切
失敗する人
今年度の予算の内訳は…
あっ、これ、なんて読むんだっけ？
聞き取りづらいな…
声が小さいな…
ぶっつけ本番ではうまくいかない
成功する人
ふりがな
○○年度予算案
ゆっくり
今年度の予算の内訳《うちわけ》は
強く！
□□□は、昨年と同様に
注意点を書き込んでおく
区切る
他にも検討すべき
事前に確認すればこ安心して話せる

アナウンサーでも、人前で話すときには事前に準備をする

アナウンサー歴20年以上の方にセミナーの司会を頼んだとき、台本を見せてもらうと、どこで区切るか、どこを強調するか、たくさんのメモが記されていました。

さらに、**人前で話す言葉は、必ず声に出してからでないと話せない**ともおっしゃっていました。事前に発声練習もするそうです。

そのことから、プロの心構えというものを思い知りました。

- **どこを区切るのか？**
- **どこを強調するのか？**
- **テンポはどれくらいか？**

台本を読みながら、これらをメモって本番に臨みましょう。

人前で話す前には、十分な準備をする

午前中に人前で話すとしたら、その3時間以上前には起床します。

3時間未満だと、体が本調子でな

いまま、話すことになるからです。

また、しっかりした発声ができるように、口の周りの筋肉などをほぐします。顔の筋肉が固まったままだと、引きつった笑顔になり、聴衆に緊張を与えてしまいます。

私は人前で話す日の朝は、アナウンサーで、日本を代表する話し方の講師から学んだ準備法を、お風呂で必ずやります。

まずは、お風呂に浸かりながらの「ハミング法」です。「うー」と唸りながら、喉や体を響かせます。

腹式呼吸の練習も兼ねるので、できるだけ長い時間、最低20秒以上、途切らせないで声を出します。

そのあとは、定番の発声練習です。「あえいうえおあお、かけきくけこかこ……がげぎぐげごがご……ぱぺぴぷぺぽぱぽ」。

うまく口が回らない部分は、集中的に繰り返します。一音一音、口を大きく開いて、体全体に響かせるように、音を出しましょう。

滑舌が悪い人は、さ行、た行、ら行が不明瞭な場合があります。

その場合は、「さささささささ」などと同じ音を連続して発声すると、舌が回りやすくなります。

準備運動なしに、いきなり人前で話して、うまくいかないのは当然です。しっかり準備しましょう。

話し方で成功する 3 POINT

1. どこで区切るか、どこを強調するか、テンポはどのくらいか、注意点をメモする
2. 人前で話すときは3時間前までに起床する
3. 口の周りの筋肉などをほぐし、発声練習で舌の回りをよくする

人前で話すための「2つ」の準備

1 お風呂で「ハミング法」

唸りながら、喉や体を響かせる
うー
20秒以上行う

2 発声練習を繰り返す

あえいうえおあお、かけきくけこかこ、させしすせそさそ…
たてちつてとたと、なねにぬねのなの、はへひふへほはほ…
がげぎぐげごがご、ざぜじずぜぞざぞ、だでぢづでどだど…
一音一音、口を大きく開いて発声する

25

成功する人は人前で緊張する。

失敗する人は緊張しない。

緊張とうまくつき合い、いつも以上の力を発揮する方法

緊張することは、とてもいいことです。

まったく緊張がなく、弛緩した状態だと、力を１００％発揮できません。多少の緊張がある方が、充分に力を発揮できるものです。

ここで、緊張を力に変える方法をお教えします。

①深呼吸をする

腹式呼吸で行います。鼻から4秒で息を吸い、お腹をふくらませます。４秒間息を止めたら、12秒間かけて口から息を吐き出します。慣れたら、息を吐き出すのに20秒以上かけます。ゆっくりと吐き出すことで、脳から集中力の高まるアルファ波が出やすくなります。

息を吐き出すときは体を弛緩させ、息を吸うときには、筋肉に力を入れます。体がリラックスし、集中力も高まるので、力を発揮しやすくなります。

②ゆっくり動く

せかせか速く動いてしまうと、

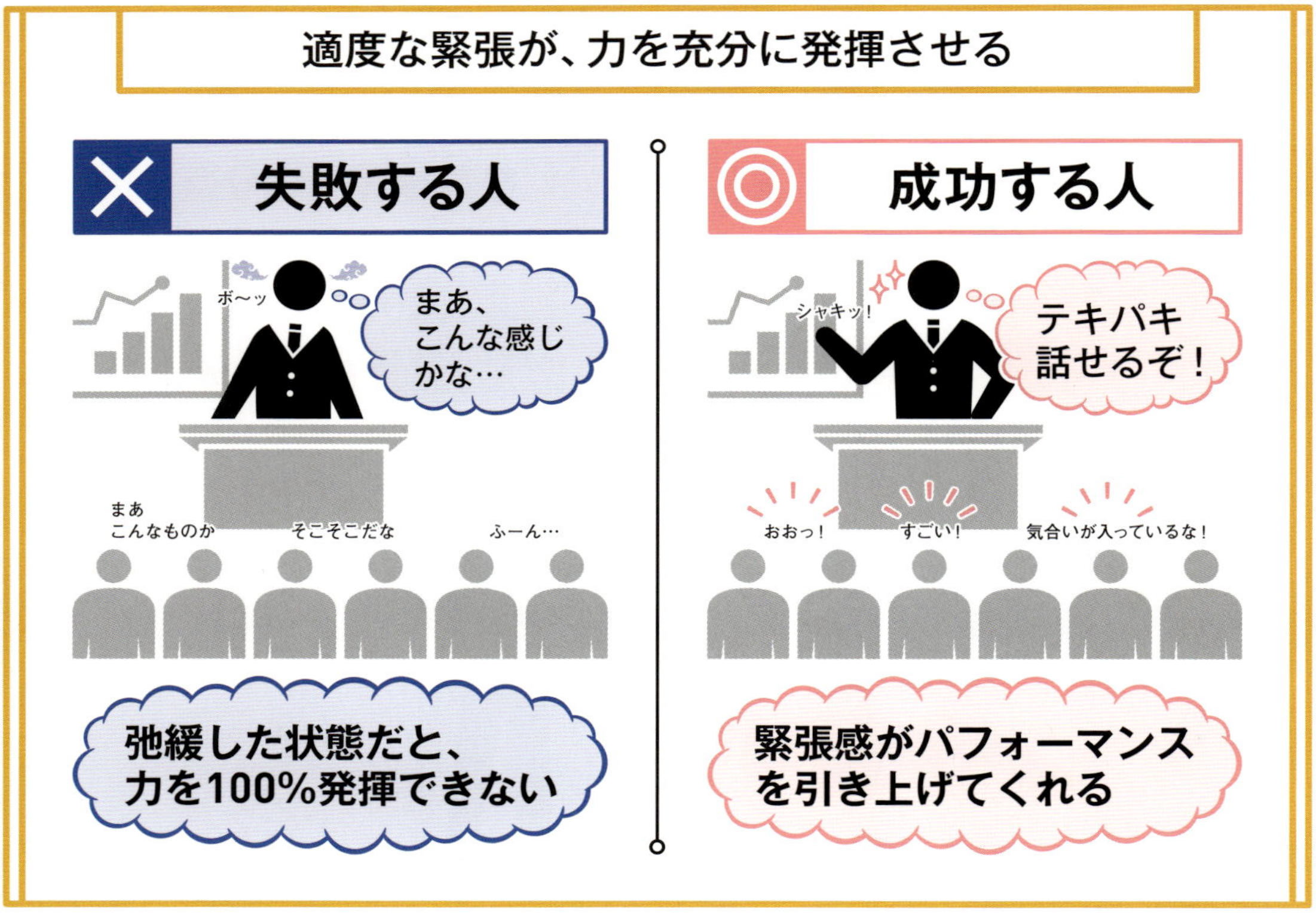
適度な緊張が、力を充分に発揮させる
失敗する人
ボ～ッ
まあ、こんな感じかな…
まあ こんなものか
そこそこだな
ふーん…
弛緩した状態だと、力を100％発揮できない
成功する人
シャキッ！
テキパキ話せるぞ！
おおっ！
すごい！
気合いが入っているな！
緊張感がパフォーマンスを引き上げてくれる

緊張を力に変える「3つ」の方法

1 深呼吸をする

腹式呼吸で…

- 鼻から息を4秒吸う
- 4秒間、息を止める
- 口から12秒で吐き出す

2 ゆっくり動く

ゆっくり動くと…

- 呼吸もゆったりする
- 緊張も緩和される

3 ゆっくりと聴衆全員を見渡す

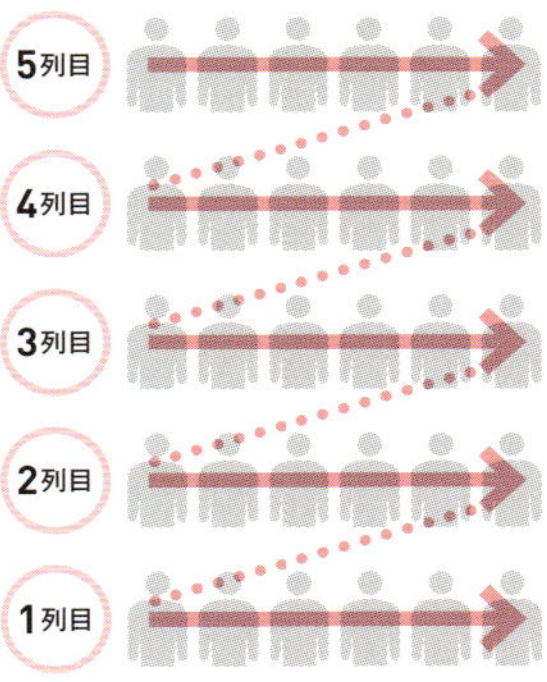

最後列から…

- ジグザグに視線を移動して、全員と目が合うようにする

話し方で成功する 3 POINT

1. 弛緩した状態では100%の力を発揮できない
2. 緊張をパワーに変えて、いつも以上の能力を発揮する
3. 「深呼吸」「ゆっくり動く」「アイコンタクト」で、緊張を味方に

早口になりやすい。すると、聴衆が理解できなくなります。

さらに、思考を整理しながら話せず、途中で何を言いたいのかわからなくなることもあります。

また、意識的にゆっくり動くと、呼吸もゆったりし、不思議なことに、緊張も緩和されていきます。

上級者は、アイコンタクトで聴衆を惹きつける

③ゆっくりと聴衆全員を見渡す

人前で話すのに慣れている人は、アイコンタクトができます。置いてきぼりにされたと感じる人が出ないように、全員とアイコンタクトをしましょう。

上図の3のように、イスが横に6席、縦に5列あったとします。

まず、最後列の一番左側の人と視線を合わせ、そこからゆっくりと、一番右側の人へ移動します。

次は、4列目の一番左側から、4列目の一番右へ移動します。

このように、最後列からジグザグに視線をゆっくりと移動して、全員と目が合うようにします。

緊張はあなたのパフォーマンスを引き上げてくれる味方です。うまくつき合っていきましょう。

CHAPTER 05

仕事がうまくいく「話し方」編

まとめ

SUMMARY 1 話し方で成功する人は

日頃から小さなコミュニケーションを積み重ねている！

SUMMARY 2 話し方で成功する人は

相手を否定しない！

SUMMARY 3 話し方で成功する人は

嫉妬を避けるために周りに配慮して話す！

SUMMARY 4 話し方で成功する人は

相手が話す時間をつくる！

SUMMARY 5 話し方で成功する人は

知識をひけらかさない！

SUMMARY 6 話し方で成功する人は

話がつっかえないように原稿にメモをつけておく！

SUMMARY 7 話し方で成功する人は

緊張をパワーに変える！

CHAPTER

06

話し方で「成功する人」と「失敗する人」の習慣

コミュニケーションがうまくいく

「メンタル」編

The Habits of great & poor communicators

CHAPTER 06

The Habits of great & poor communicators

26

成功する人は 緊張を受け入れる。

失敗する人は 緊張をごまかす。

「緊張」の正体とは？

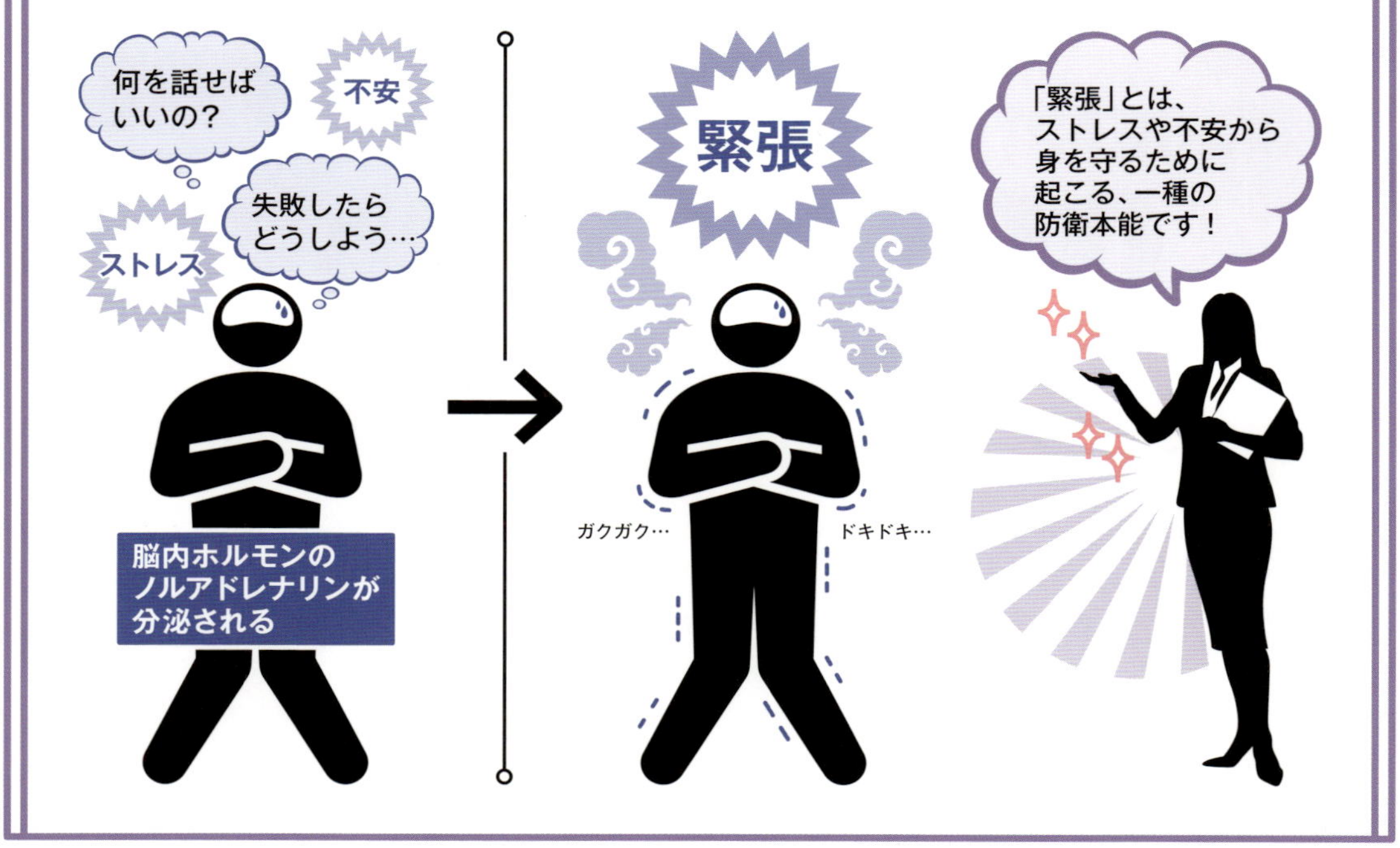

何を話せばいいの？
不安
失敗したらどうしよう…
ストレス
脳内ホルモンのノルアドレナリンが分泌される
緊張
ガクガク…
ドキドキ…
「緊張」とは、ストレスや不安から身を守るために起こる、一種の防衛本能です！

過去のマイナスの体験が緊張を引き起こす

「緊張して、何を話せばいいかわからない」と、会話に困る人が多くいます。

緊張とは、ストレスや不安から身を守るために、脳内ホルモンのノルアドレナリンが分泌されて起こる、一種の防衛反応です。

つまり緊張は、身を守る大切な反応です。ですから、**「緊張することは悪いこと」だと、一方的に決めつけてはいけません。**

しょっちゅう緊張するのなら、「何に対して、不安や怖れを感じているのか」、自問自答してみましょう。

多くの場合、「自分が傷つくかもしれない」という怖れが、会話することを臆病にさせています。

その理由のひとつに、**過去の経験が影響している**場合があります。

例えば、「だから、お前はダメなんだ」と、発言や人格そのものを否定された体験が、「また拒絶されるかも」という怖れを呼び起こしてしまうのです。

過去の心の痛みは、きちんと癒されていないと、大きな影響力を持ちます。その過去のマイナスの体験が現在に投影され、会話をするときに緊張するのです。

恐れを認識し、緊張とうまくつき合う

私が25歳の頃、あるセミナーで、会社経営者と、目を見つめ合う実習をしました。

ところが、いざ実習を始めると、年齢も社会的地位も上の社長が、私に対して緊張し、汗までかきだしたのです。

これは、**ありのままの自分を見透かされるような気がしたり、気弱な自分を知られたくないという心理が働く**ために起こるものです。

自分を否定していて、「自分を受け入れられないのが怖い」のです。「何を話したらいいかわからない」というのも、これと同じ原理で、話題が思いつかないというより、他人への怖れから緊張します。

話し方で成功する人は、**怖れを認識し、自分を受け入れています。**

緊張とうまくつき合うことで、あなたの人生は大きく変わります。

必見！お役立ち COLUMN

成功する人は、短所を長所に変えられる

一面だけを見て、「自分はこういう人間だ」と決めつける人が多いですが、物事には必ず二面以上の捉え方があります。

例えば、「飽きっぽい」は「好奇心旺盛」、「意志が弱い」は「柔軟」と捉えることができます。

一見、短所のようでも、捉え方で短所は長所にもなるのです。

表現をポジティブに変えると、人生を豊かに生きる要素に変わります。短所を長所に変えて、受け入れましょう。

緊張を受け入れ、上手につき合う
失敗する人
き…緊張なんてしていないんだ！
ドキドキ…
ポイッ
緊張
緊張をごまかそうとしてしまう
成功する人
深呼吸して、ゆっくり話せば大丈夫！
緊張するのは、悪いことじゃない！
緊張
恐れを認識して自分を受け入れる

27

成功する人は「愛したい」と思う。
失敗する人は「愛されたい」と思う。

コミュニケーションが苦手な人は、自己愛が強すぎる

コミュニケーションが苦手な人は、自己中心的な傾向があります。

自己愛が強い人にとって、「愛されないこと」は、何よりも恐怖です。愛して欲しいのに、うまくいかないと、コミュニケーションを取ろうとしなくなり、ますます人間関係が悪化するという、悪循環にハマってしまいます。

自己愛が強い人は、意識の矢印が、常に自分に向きっぱなしです。どうしたら、相手にしてもらえるかに、エネルギーを使います。

しかし、他人の意思は、コントロールができません。自分ではどうにもできないことに、エネルギーを使っているのです。

話し方で成功する人は、好かれようとか、愛してもらおうという打算を働かせません。それよりも、自分が主体となってできることにエネルギーを使います。

精神的に、本当の自立をしているのです。他人に期待して、その

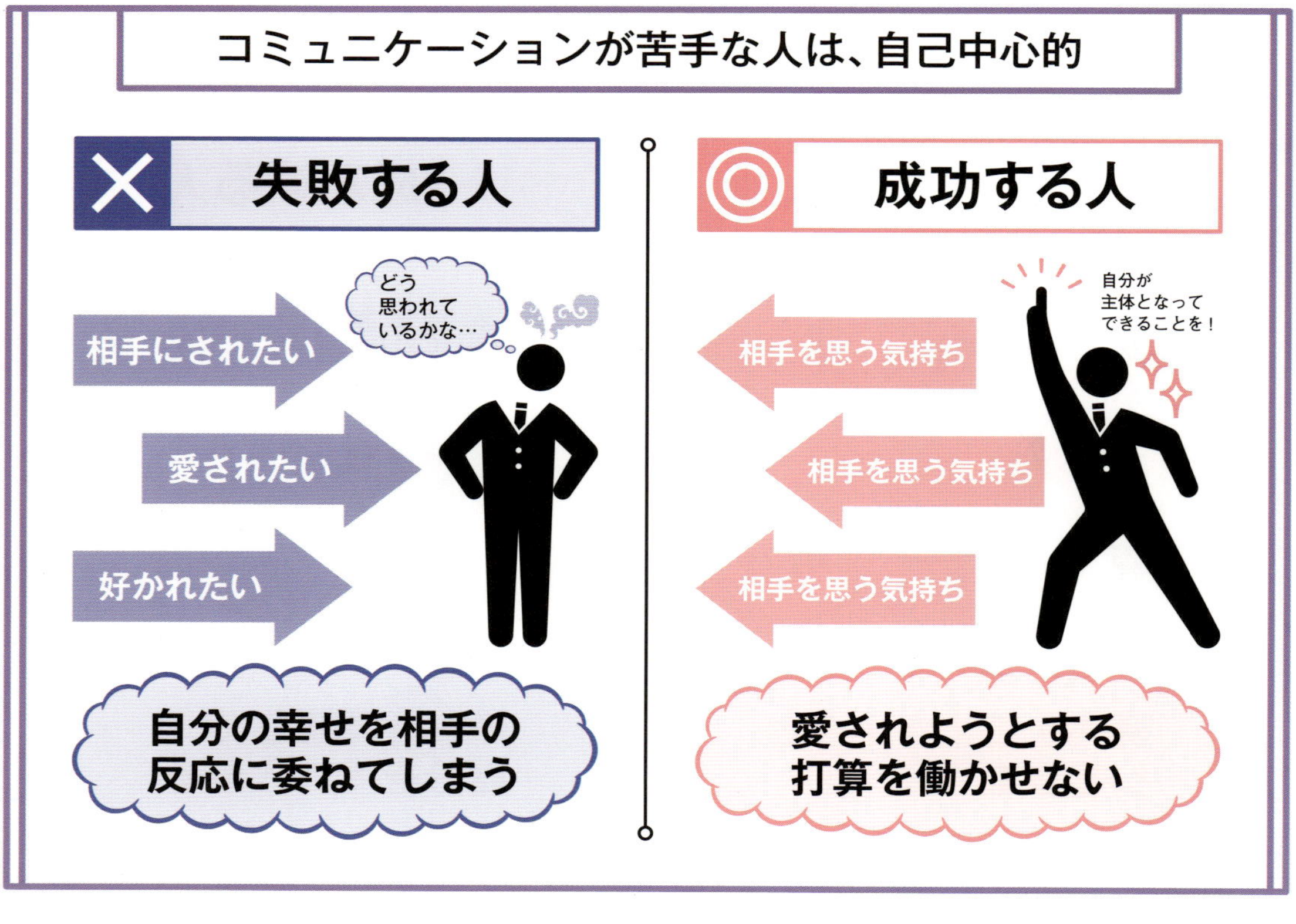
コミュニケーションが苦手な人は、自己中心的
失敗する人
どう思われているかな…
相手にされたい
愛されたい
好かれたい
自分の幸せを相手の反応に委ねてしまう
成功する人
自分が主体となってできることを！
相手を思う気持ち
相手を思う気持ち
相手を思う気持ち
愛されようとする打算を働かせない

精神的に自立する方法

自分が
満たされたら、
意識は自然と
相手に向く
ようになる！
「自己肯定感」を高める
自分は
価値ある存在
自分は大事に
されている
自己肯定感

話し方で成功する 3 POINT

1. **人間関係を上手に築けないのは、自己愛が強すぎるから**
2. **好かれよう愛されようと打算を働かせない**
3. **自己肯定感を高められると、自分に対して満足できる**

反応で一喜一憂することのムダを知っています。自分の幸せを、他人に委ねてはいけないのです。

自己肯定感が高いと、意識の矢印を外へ向けられる

本当の自立をするためには、**自己肯定感を高める**のが一番です。「自分は大事にされている」というのが、自己肯定感です。

「自分中心」になってしまうのは、自己肯定感が低いからです。自分が満たされると、自然に意識の矢印は相手に向くようになります。

恋愛がなかなかうまくいかない人も、自分の価値を低く感じているのが原因です。

容姿も性格もいいのに、なぜかダメな男とばかりつき合う女性がいます。意外なカップルのようですが、実は自分と釣り合う相手とつき合っているのです。

自己肯定感が高い人は、それなりの人とつき合えるし、自己肯定感が低い人は、ダメな人ばかりとつき合ってしまいます。

とにかく、自分を愛して欲しいとがんばるよりも、**人を愛せるように、自己肯定感を高めていくことが大事**です。

CHAPTER 06 The Habits of great & poor communicators

28

成功する人は マイナス思考で考える。
失敗する人は プラス思考で考える。

ネガティブな反応は、自分を守るシステム
弱音を吐いて、弱い自分と闘っている
疲れた…。もっと協力してほしいのに…
弱音を吐くことで、次の段階へと成長する
とことん落ちたら、あとは上がるだけ！
よ〜し！
むりやりプラス思考にすると、かえって自己嫌悪に陥る！

ネガティブな反応は、自己防衛システム

「成功する人がマイナス思考」は、間違いだと思った方も多いでしょうが、「プラス思考が失敗をする」で正しいのです。

「マイナスの出来事もプラスに捉える。退路を断ち、あきらめずに突き進む」という自己啓発の教材の営業をしたことがあります。

もちろんこの考え方は、基本的には効果的ですが、こういったプラス思考には弊害があります。

努力してもプラス思考になれないと、自己嫌悪に陥ります。

特に**日本人は、楽天的に考える遺伝子を持って生まれてくる人は5％未満**と言われています。ですから、プラス思考になれないのは、実は仕方ないのです。

ネガティブな反応というのは、実は自分を守るシステムです。

ネガティブな反応をむりやり排除すると、自分を好きになれない要素を増やしてしまいます。

本来、ネガティブな部分を受け

入れることも大事なのに、無理にポジティブ思考にすることで、一時的にはやる気になりますが、心の中で軋みが起こり、余計に苦しくなっていきます。

人の弱さを受け入れられるのが本物のやさしさ

また、もうひとつの弊害は、**プラス思考信奉者は、他人の痛みがわからなくなっていく**ということ。

人は、自分の弱さを口にして、それを受け入れてもらうことで心が癒されます。しかし、プラス思考信奉者は、そういった話を否定的にしか聞けなくなるのです。

人は、愚痴を言って、弱音を吐いて、弱い自分と闘っているのです。マイナスを言う自分が嫌だと思いながらも、そうすることで、次の段階へと成長していくのです。

落ち込むときには、とことん落ち込む。とことん落ち込んだら、あとは上がるだけです。

自分の弱さを受け入れられるからこそ、他人の弱さを尊重できます。人の弱さを受け入れることができるのが、本物のやさしさです。

本物のやさしさを持てる人が、話し方で成功するのです。

話し方で成功する 3 POINT

1. 楽天的に考える遺伝子を持つ日本人は5%未満
2. プラス思考信者は他人の痛みがわからなくなっていく
3. 自分の弱さを受け入れられると人の弱さも尊重できる

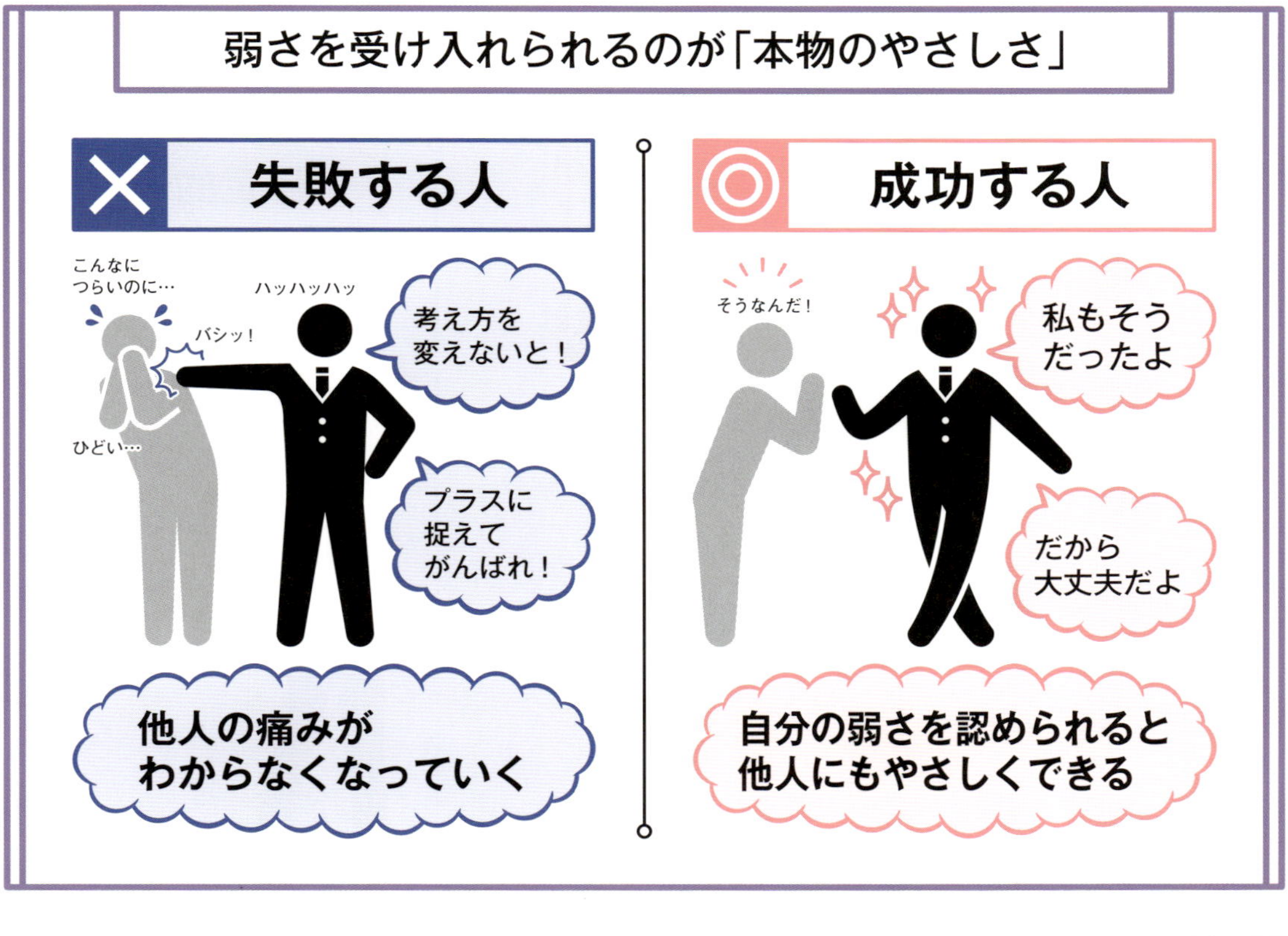
弱さを受け入れられるのが「本物のやさしさ」
× 失敗する人
こんなにつらいのに…
ハッハッハッ
バシッ!
ひどい…
考え方を変えないと!
プラスに捉えてがんばれ!
他人の痛みがわからなくなっていく
◎ 成功する人
そうなんだ!
私もそうだったよ
だから大丈夫だよ
自分の弱さを認められると他人にもやさしくできる

29

成功する人は自信を持つ。失敗する人は自信がない。

自信は達成できた未来にではなく、過去の成功にある

どんなに成功しても、自分に自信が持てないという人は多いです。

私のクライアントで、「資産を10億円築けたら、自分に自信が持てるし、自分を認めることができる」と言っていた方がいました。

しかし、実際に資産10億円を突破すると、「10億円じゃ不安で、30億円ないと自信が持てない」。

満足していた時間はほんの一瞬で、すぐに足りない部分に目を向けてしまうのです。そういった不足感がある限り、自信に満ちた自分にはなれません。

過去に、周りの人から言動を否定されたり、認められなかったことが、この「足りない」という気持ちの原因かもしれません。

いずれにしろ、**他者からの評価を基準にすると、自分の足りないところしか目に入らなくなります。**

「自信は、達成できた未来にある。達成したら自信が身につく」と思いがちですが、実は、「自信」は過

自信の種を育てるセルフトーク

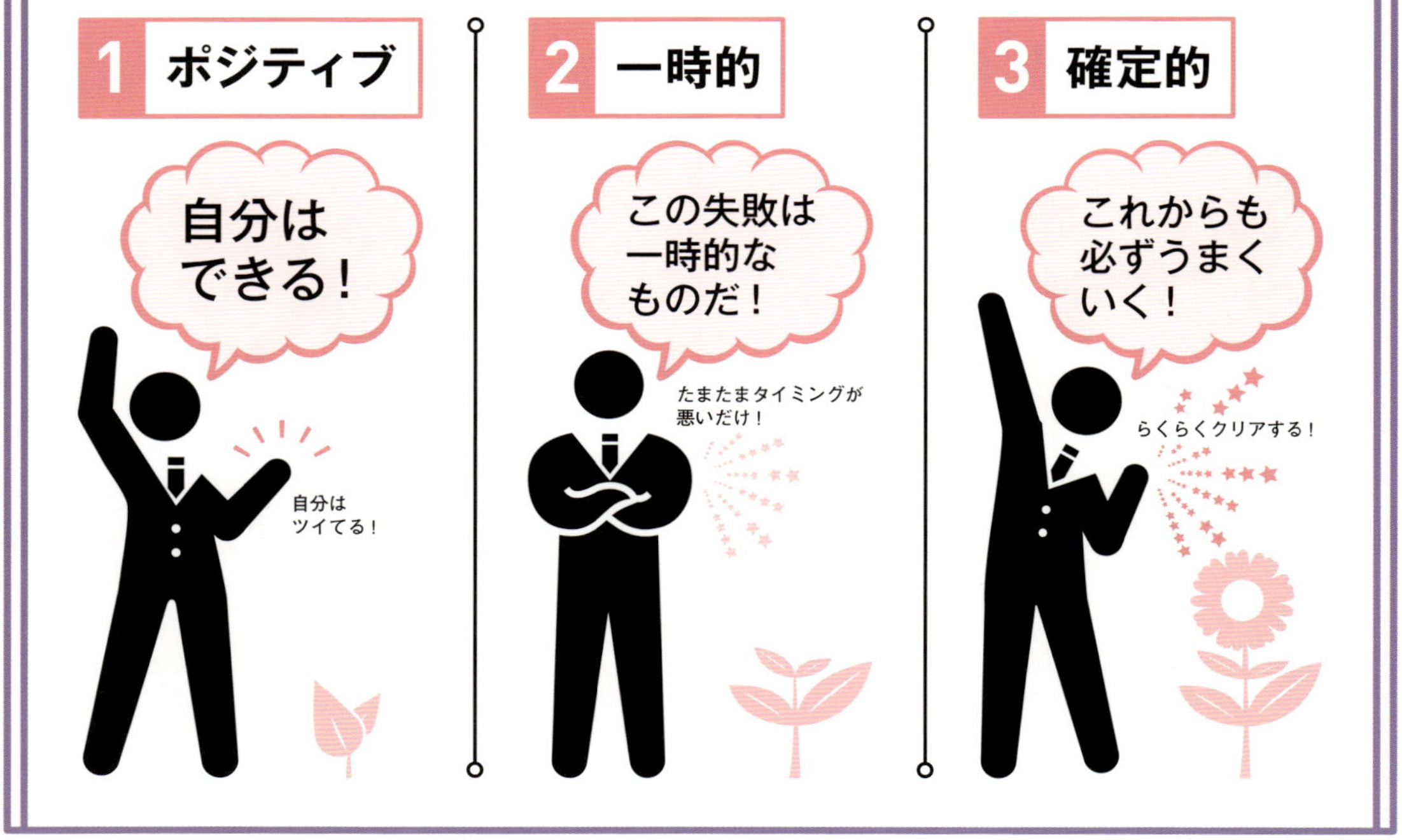
1 ポジティブ
自分はできる！
自分はツイてる！
2 一時的
この失敗は一時的なものだ！
たまたまタイミングが悪いだけ！
3 確定的
これからも必ずうまくいく！
らくらくクリアする！

自分を励ます力を磨くことが、自信をつける

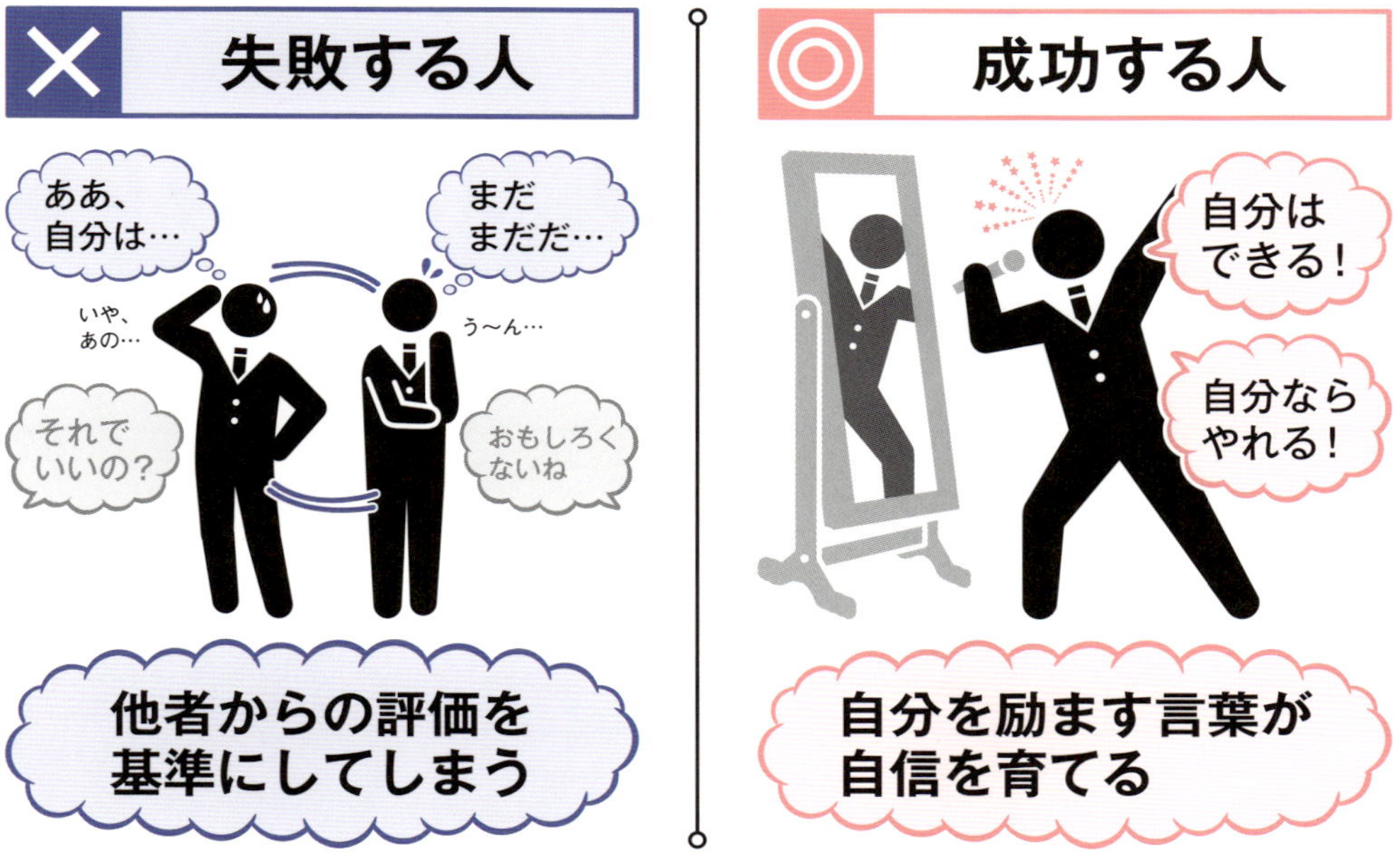
×
失敗する人
ああ、自分は…
まだまだだ…
いや、あの…
う〜ん…
それでいいの？
おもしろくないね
他者からの評価を基準にしてしまう
◎
成功する人
自分はできる！
自分ならやれる！
自分を励ます言葉が自信を育てる

去の中にあるのです。

今まで達成したことの中に、自信の種は隠れています。

自信の種は、セルフトークで育てる

自信の種を育てるために必要な、セルフトークをつくりましょう。

① ポジティブ

何かしようというときに、「ダメかもしれない」と思っていたら、ダメになる確率を高めるだけです。**「自分はできる！」などポジティブな言葉を選び、自分に言い聞かせる**ことです。

② 一時的

「今うまくいかないのは、たまたまタイミングが悪いだけ」。

このように、**マイナスの結果は一時的なことだと捉えるセルフトーク**を準備しましょう。

③ 確定的

「これからも、常にこのレベルのことは、らくらくクリアする」。

成果が出たときは、確信を高めるチャンスです。

このように、自分を励ます力を磨くことが、自信をつけさせていきます。話し方で成功する人には、自信が不可欠です。

必見！お役立ち COLUMN

自分を否定してエネルギーを下げないこと

せっかく得た成果を、一時的なものと捉えて、自分を否定するような発言をしてしまう人がいます。

例えば、それなりの営業成績を出しているにもかかわらず、「売れたのは、たまたまいいお客さんに巡りあえて運が良かっただけ」と言う人は、自分のエネルギーをわざわざ下げているようなものです。

成果が出たときは、ポジティブに捉えましょう！

成功する人は 悪口を言う人とうまくつき合う。

失敗する人は 悪口に引きずり込まれる。

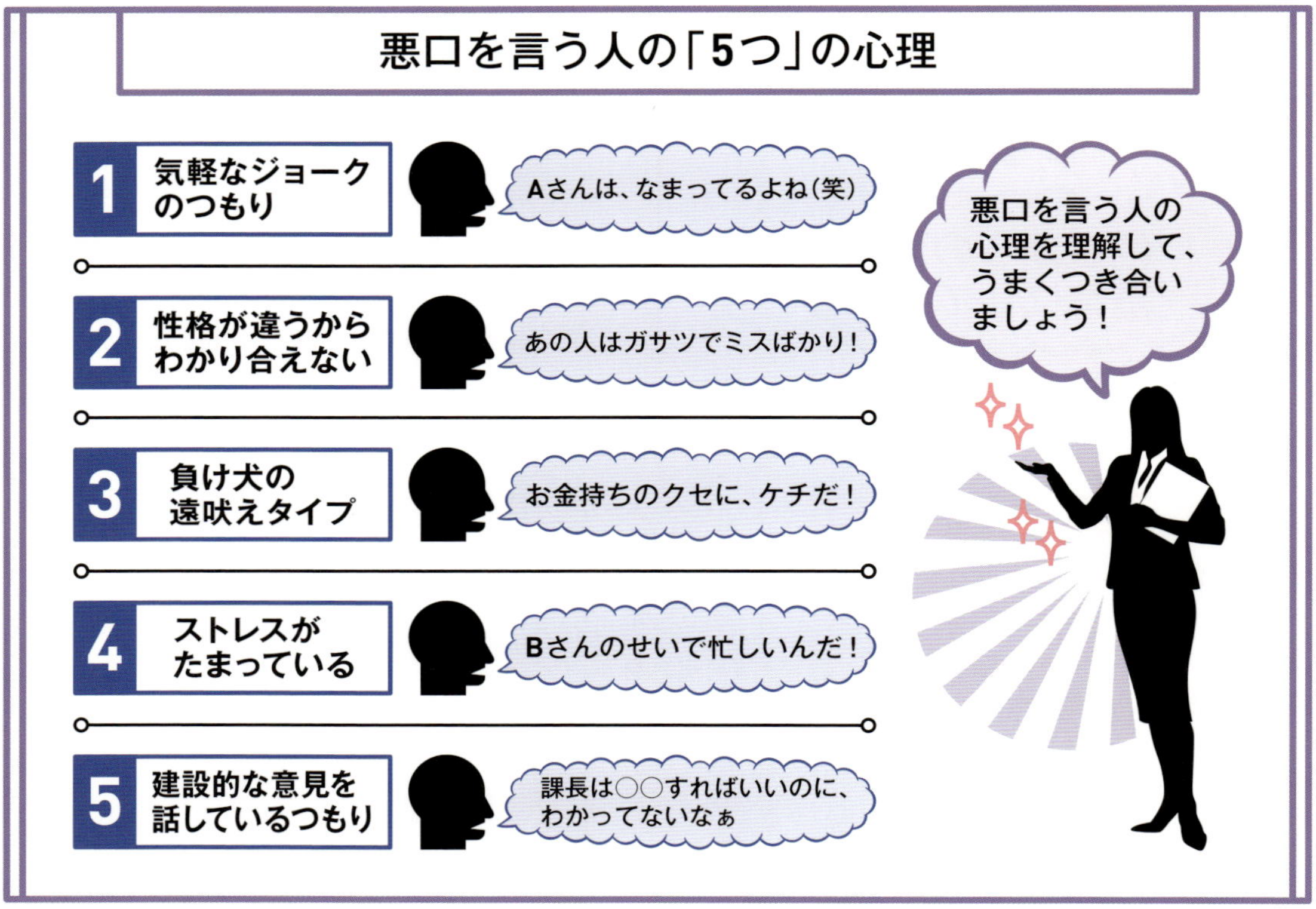
悪口を言う人の「5つ」の心理
1 気軽なジョークのつもり
Aさんは、なまってるよね(笑)
2 性格が違うからわかり合えない
あの人はガサツでミスばかり!
3 負け犬の遠吠えタイプ
お金持ちのクセに、ケチだ!
4 ストレスがたまっている
Bさんのせいで忙しいんだ!
5 建設的な意見を話しているつもり
課長は○○すればいいのに、わかってないなぁ
悪口を言う人の心理を理解して、うまくつき合いましょう!

悪口を言う人とうまくつき合うには、悪口の心理を知る

悪口ばかり言う人は、他人のことをこき下ろすことで、得られることがあると思うから、やめられません。

彼らとうまくつき合うために、悪口を言う人の心理を理解しましょう。

①気軽なジョークのつもり

親しみを込めて、気軽な気持ちで言っているつもりで、相手の悪口になっていることがあります。

②性格が違うからわかり合えない

慎重な人から見れば、大胆な人はガサツでミスばかり。大胆な人から見れば、慎重な人は仕事に時間がかかりすぎ。お互いが相容れない場合は、短所しか見えなくなります。

③負け犬の遠吠えタイプ

相手に負けていると感じているのに、自分より優れているとは認めたくない。そんな感情のとき、悪口を言うことで心のバランスを取りたくなります。

④ストレスがたまっている

ストレスがたまると、何かを責めることで、ストレスを解消したくなります。人の悪口を言うことで、自分を責めずにいたいのです。

⑤建設的な意見を話しているつもり

上司などに対しての意見を、飲み屋などで、「課長はああすればいいのに、わかっていない」などと、グチってしまう。建設的な意見と思うなら、直接言うべきですね。

このように、悪口を言う心理とは、相手の問題のようで、自分の問題を語っているのです。

例えば、お金持ちの悪口を言うのは、うらやましいと思うからです。憧れがなければ、その人のことなど、どうでもいいのですから。

つまり、**悪口を言うのは、「あの人は、自分が憧れているものを持っている人です」と公言しているようなもの**です。

「悪口を言われ、腹を立てたり傷つくのは、自分を過大評価する傲慢さがあるから。『自分なんて大したものではない』という謙虚さがあれば、むやみに腹を立てることもなくなります」とは、あるスピリチュアルリーダーの言葉です。

成功する人は、目の前の人が悪口を言っても、「うらやましくてしょうがないんだね」と見守ります。

必見！お役立ち COLUMN

成功する人は、感情をコントロールする

「怒り」とは二次感情で、本当の感情ではありません。一次感情という本当の感情があって、そこから二次感情が生まれます。「怒り」の一次感情は、悲しみ、不安、苦しみです。マイナスの感情があって、それが怒りになることを知っておきましょう。

そうすれば、相手が怒っても、感情に振り回されず、怒りの根本から鎮めることができるでしょう。自分の「怒り」も、コントロールできます。

悪口を聞いても受け流す

×失敗する人
あの人ってダメだね
これはあの人のせいだよ
ひどいじゃないか！
なんで自分のせい？
傷ついた…
腹が立つ！
悪口にいちいち感情的になってしまう

◎成功する人
あの人ってダメだね
これはあの人のせいだよ
謙虚さを忘れない！
言わせておこう
自分なんて大したものではない
腹も立たない
謙虚さがあれば悪口も受け流せる

31

成功する人は 他人の言葉を受け入れない。

失敗する人は 他人の言葉を大事にする。

成功する人は、根拠のない自信がある

「他人の言葉を受け入れない」と言うと、傲慢で人の話を聞かない印象がしますが、ネガティブな批判に対しては、聞き入れない方がいい場合が多いです。

「成功する人には、共通する2つのポイントがある」と、サッカー日本代表ユースの元監督がおっしゃっていました。

ひとつ目は、**根拠のない自信。**

成功する選手は、10代の頃から、「将来自分は、世界で活躍する」と宣言する人が多いそうです。

聞けば、「根拠はないけど、そう思います」と言うのだそうです。

根拠があるということは、その根拠が崩れたら、自信も一瞬で崩れてしまいます。根拠がなければ、自信を失う理由もないのです。

2つ目は、**素直**だということ。

プライドが邪魔をして、自分を変えることができない人が多い中で、教えられたことを素直にやってみる行動力は、世界的なプレイ

成功する人に共通する「2つ」のポイント

1 根拠のない自信がある

2 素直に行動する

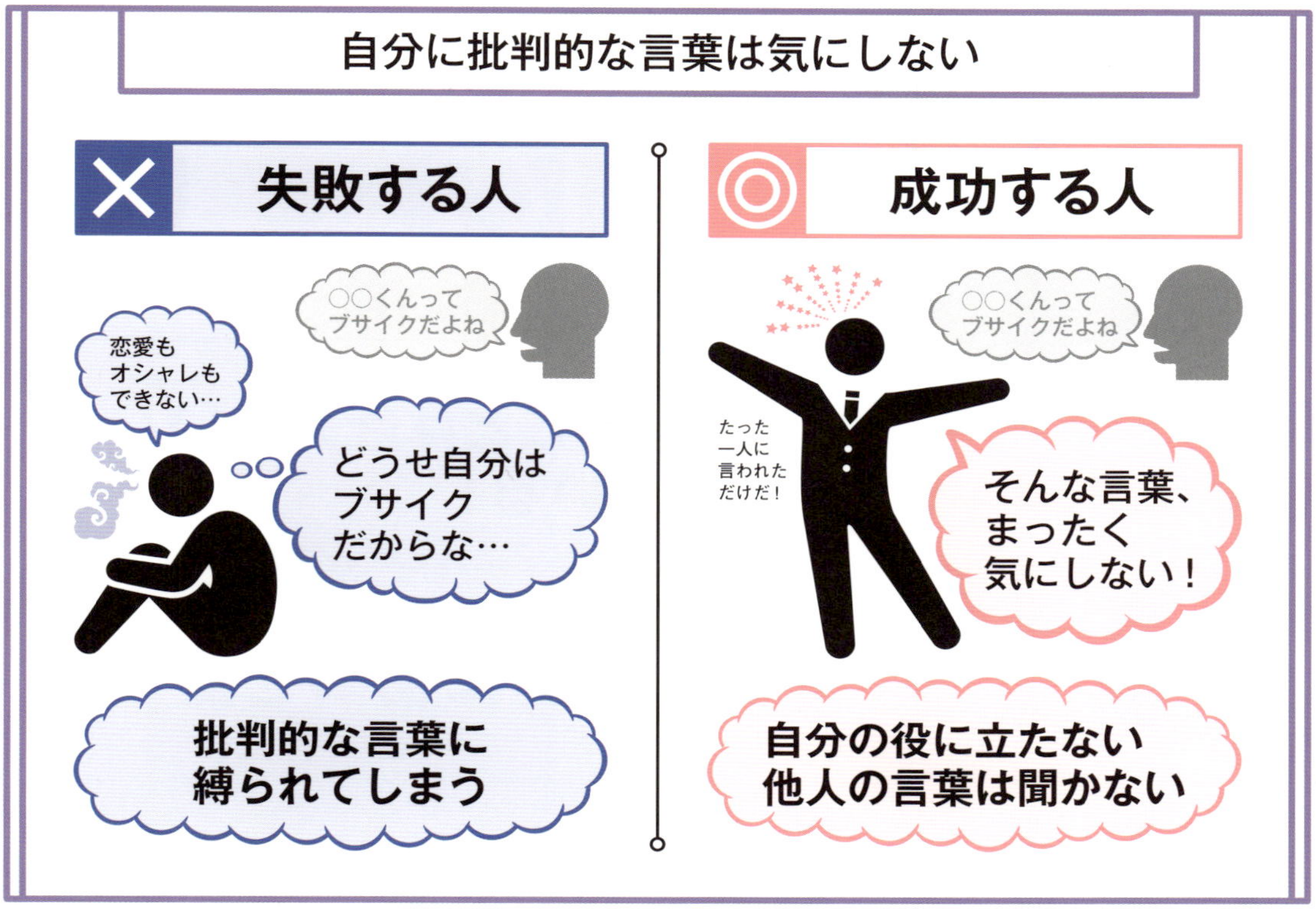
自分に批判的な言葉は気にしない
失敗する人
○○くんってブサイクだよね
恋愛もオシャレもできない…
どうせ自分はブサイクだからな…
批判的な言葉に縛られてしまう
成功する人
○○くんってブサイクだよね
たった一人に言われただけだ！
そんな言葉、まったく気にしない！
自分の役に立たない他人の言葉は聞かない

ヤーに共通しています。

自分に役立たない批判的な言葉には、耳を傾けない

ただし、「批判の言葉」は、素直に聞いてはいけません。

中2の頃、女子から「松橋って、近くで見るとブサイクだね！」と言われた言葉は、胸にぐさっと突き刺さりました。

女性に対して自信をなくすキッカケになったと思います。そして、この言葉に長い間、影響を受けて生きていたのです。

出会う人、一人残らずに好かれよう、愛されようというのは無理。

そんなことは重々承知しているはずなのに、**批判されるとともに何年もの間、大事にその言葉とともに生きてしまう人は多い**です。

今までの人生で、一人か、せいぜい数人に批判されたことを、真実かのように受け入れて生きている。そんなバカバカしさに気がつくと、今までの呪縛から嘘のように解放されていきます。

批判を受け入れてはいけません。あなたのレベルが上がれば上がるほど、批判する人は増えてくるものです。

必見！お役立ち COLUMN

他人の批判的な言葉より、大切な人の言葉を

批判的な言葉を受け入れないための考え方をご紹介します。

私のメンターの女性は、「世界中の誰もがかわいくないと言ったとしても、愛しているパートナーが、『オマエはかわいいよ』と言ってくれれば、それでいい」と言います。

要するに「誰に喜んでもらいたいか？」ということなのです。

話し方で成功する人は、自分に役立たない批判をされても、気にしません。

CHAPTER 06

コミュニケーションがうまくいく「メンタル」編

まとめ

SUMMARY 1 話し方で成功する人は
「緊張することは仕方ない」と考えている！

SUMMARY 2 話し方で成功する人は
ポジティブに物事を捉える！

SUMMARY 3 話し方で成功する人は
自分に対して満足感がある！

SUMMARY 4 話し方で成功する人は
無理に強がらない！

SUMMARY 5 話し方で成功する人は
セルフトークを使いこなす！

SUMMARY 6 話し方で成功する人は
悪口を聞いても受け流す！

SUMMARY 7 話し方で成功する人は
批判をされても気にしない！

CHAPTER 07

話し方で「成功する人」と「失敗する人」の習慣

成功する人の「口癖」編

The Habits of great & poor communicators

32

成功する人は「わかりました」と言う。
失敗する人は「わかってます」と言う。

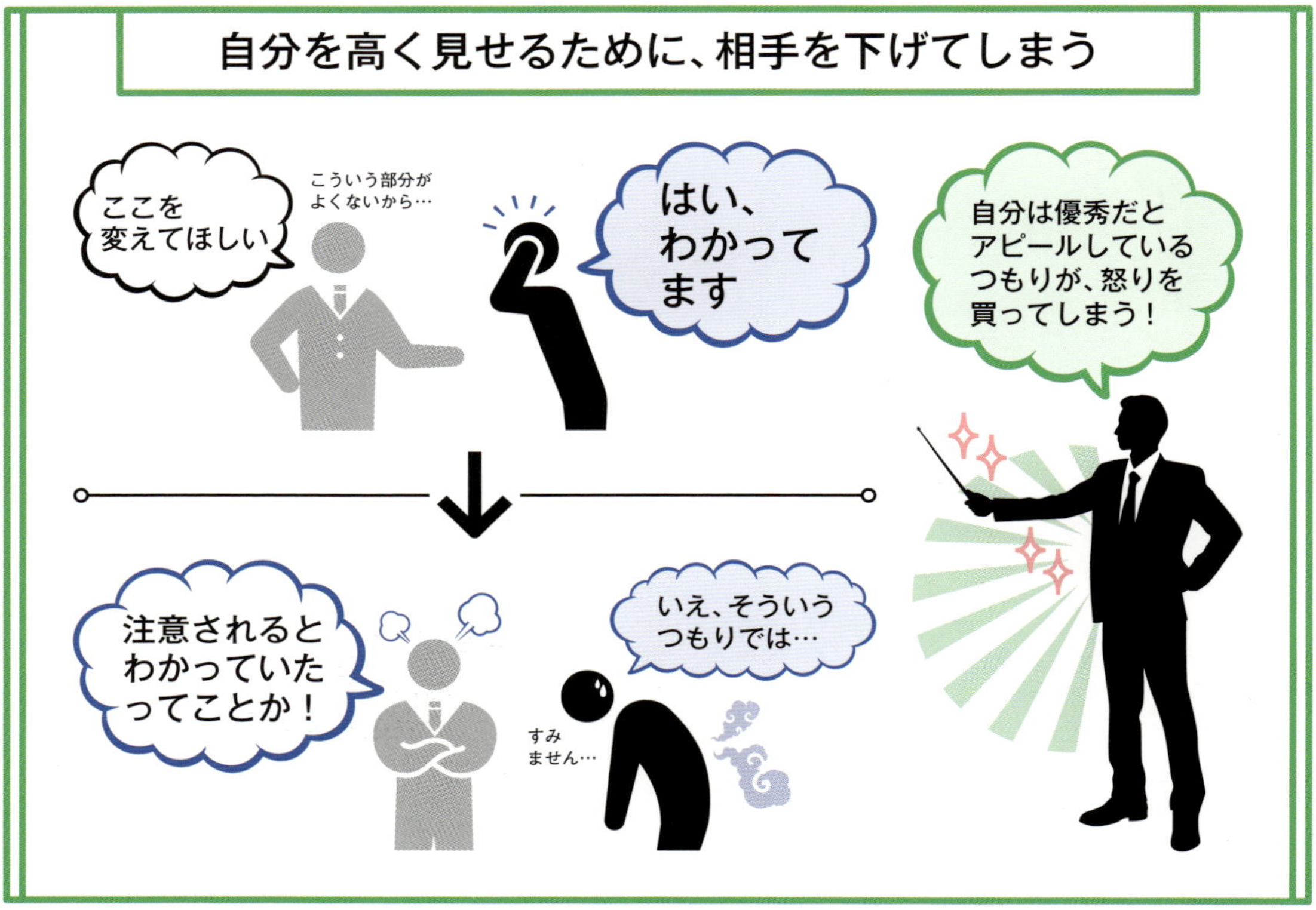

相手を見下す口癖で損をしてしまう

「こういう部分がまずいから、変えてくれ。いいな！」

「はい、わかってます」

「なんだ！　その返事は！」

「(あれ？　なんで怒ってるの？)いえ、特に意味はないです……」

「オレが注意するつもりだったことを、最初からわかっていたってことか！」

「いえ、そういうつもりでは」

「生意気なことを言うな！」

20代の頃は、このような口癖で、よく上司に怒られていました。

「わかってます」「知ってます」。

これらの返事が口癖の人は、相手をイライラさせてしまいます。

自覚がないのかもしれませんが、**「自分を低く見られないようにしよう」という心理が隠れています。**

そして、自分を高く見せるために、相手を引き下げていることに気づかず、怒りを買うわけです。

こういう場合は、素直に、「わかりました」と返事をしましょう。

上から目線の人は、自分に「気づき」を与えてくれる存在

他に、相手をいらつかせるフレーズとして、**「あ〜、やっぱり言うと思った！」**。

「自分は優秀」、「それを言うだろうって、見越していたよ」。

そんな意図を感じさせるから、イラッとさせてしまうのです。

逆に、相手が上から目線で話してきたときは、見下す意図はないのですから、許してあげましょう。

本質的には、「私を認めて！」という気持ちが強すぎる人です。

「自分の価値観では自分を満たすことができず、他人に認めてもらって、ようやく満たされる」、そんな他人の価値観で生きている、ちょっとかわいそうな人なのです。

そのような人に対して、あなた自身に怒りが湧いて、**何かやり返したいという感情が出てくるなら、あなたも「自分を認めて欲しい」という感情が強くある証拠**です。

上から目線の相手は、自分のそういった部分に、気づかせてくれる存在です。

そんなときは、大人の対応をします。その方が、あなた自身の人生も楽しいものになるでしょう。

話し方で成功する 3 POINT

1. 優秀さをアピールするつもりが、口癖で、相手をイラつかせている
2. 認められたくて「上から目線」で返事をしてしまう
3. 「わかってます」「知ってます」「言うと思った」は、マイナスな口癖

素直に返事をする

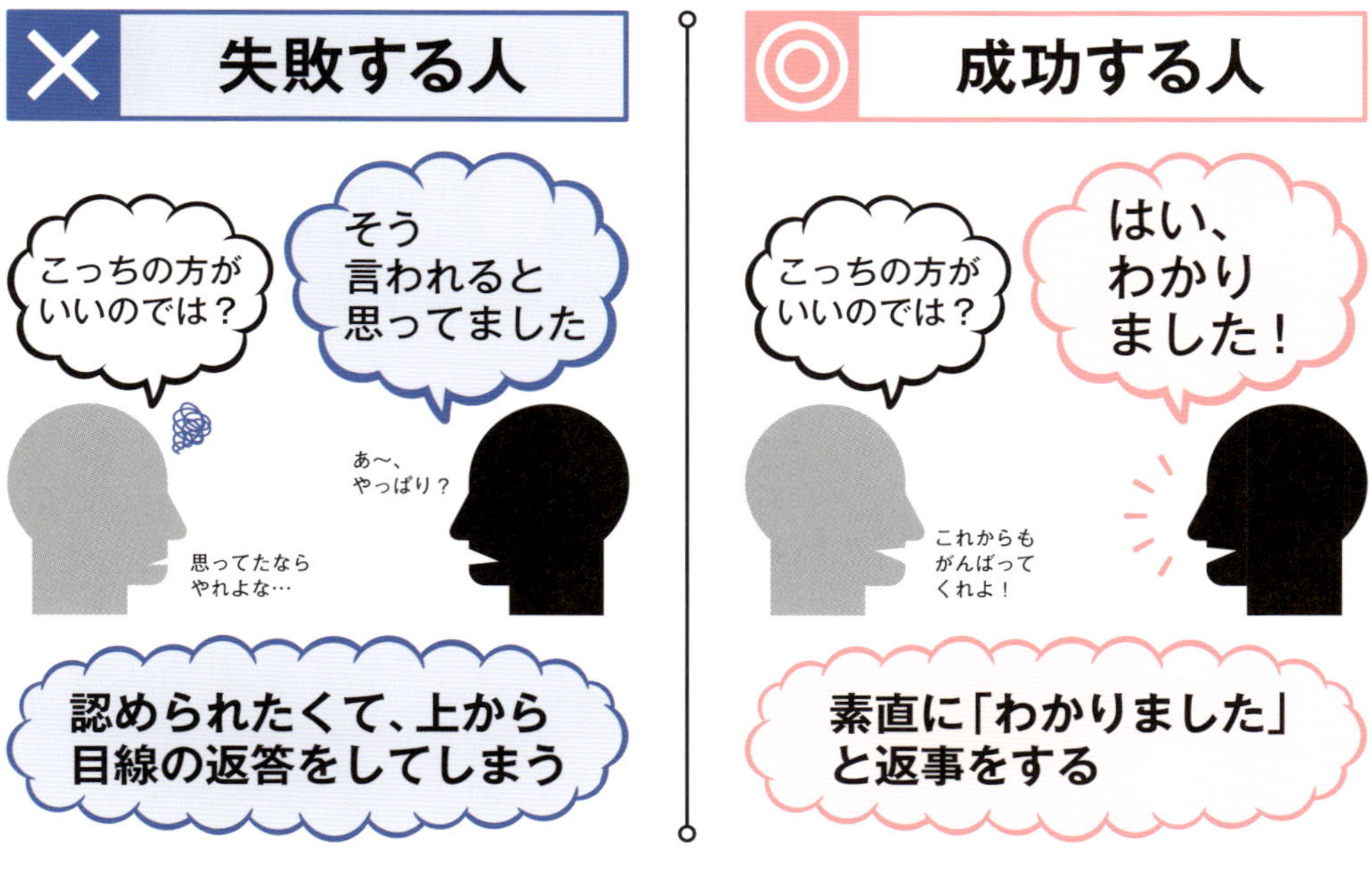

33

成功する人は「会社のため」に言い訳する。
失敗する人は「自分のため」に言い訳する。

自己弁護のための言い訳は、自分の評価を下げる

上司に問い詰められたときは、言い訳をしたくなります。

しかし、言い訳しだいでは、使えない部下だと判断されてしまいます。

①「できません」

やる前から言い訳をしていては、無気力、積極性のなさを感じさせ、怒りを買ってしまいます。

②「難しい」

この言葉は、「簡単で楽な仕事だけやりたいと思っている」と、上司に誤解されます。

③「わかりません」

「わからなかったら調べろ！」と怒られます。積極性を見せるために、「今おっしゃった○○の部分がわからないので、どうすればいいのか教えていただけますか？」など具体的に伝えるべきです。

④「聞いてません」

「言われてないことは、やりたくない」と思われます。上から目線が感じられるのでご注意を。

上司に嫌われる「7つ」の言い訳フレーズ

1	できません	無気力、積極性のなさを感じさせる
2	難しい	「簡単な仕事だけやりたいのか」と誤解される
3	わかりません	積極性がないと思われるので、わからないときは具体的に
4	聞いてません	上から目線を感じさせる
5	忙しかったのでやっていません	消極性をアピールするようなもの
6	ちょうど今、やろうとしていたところです	「使えない」と思われる典型的なパターン
7	うまくやれないんですよ	使えない部下だという烙印を押される

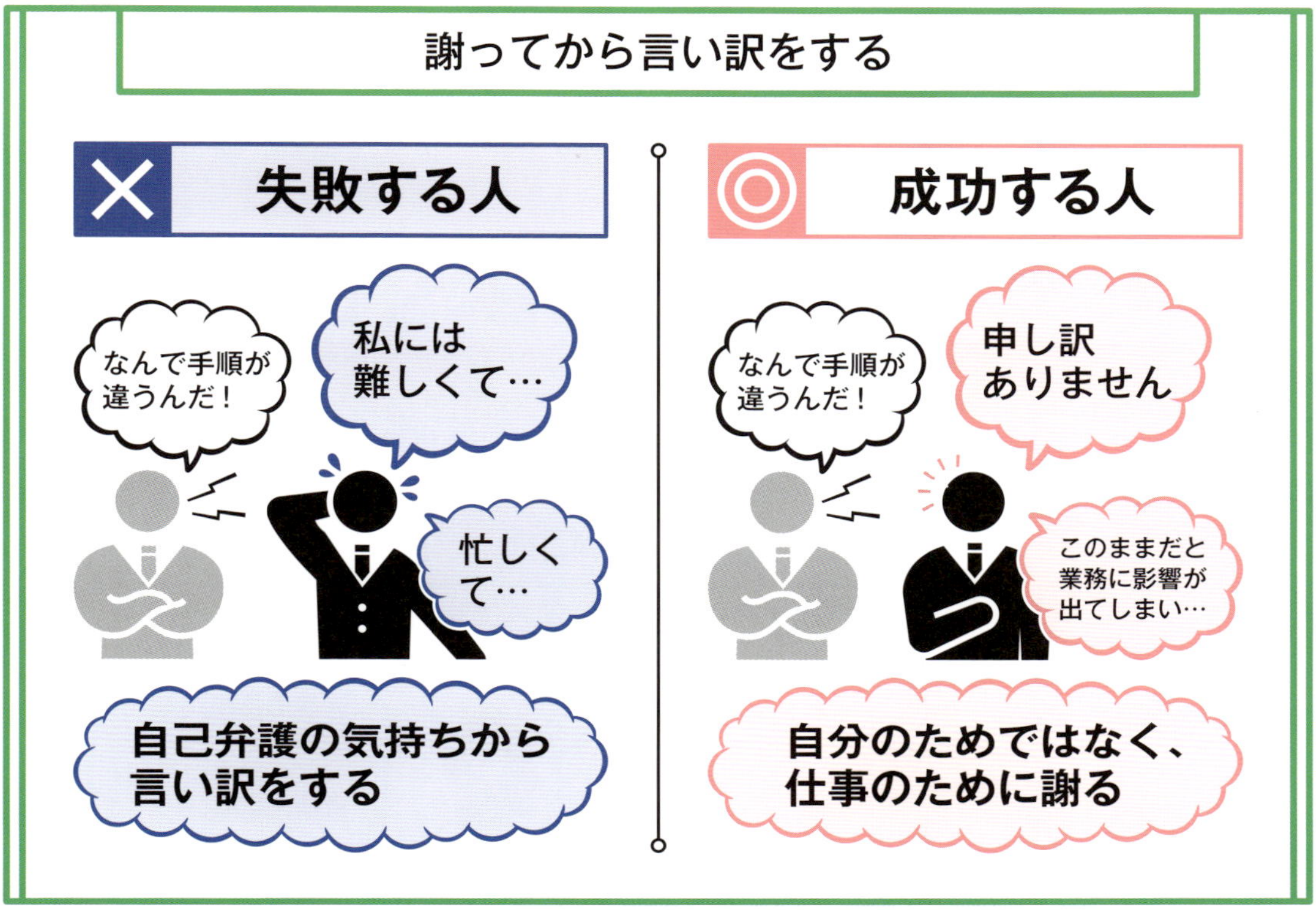
謝ってから言い訳をする
失敗する人
なんで手順が違うんだ！
私には難しくて…
忙しくて…
自己弁護の気持ちから言い訳をする
成功する人
なんで手順が違うんだ！
申し訳ありません
このままだと業務に影響が出てしまい…
自分のためではなく、仕事のために謝る

話し方で成功する 3 POINT

1. **自己弁護のための言い訳は、「使えない」と思われてしまう**
2. **言い訳は仕事のため、会社のためにするもの**
3. **成功する人は、まず謝ってから言い訳をする**

⑤「忙しかったのでやってません」

「忙しい」という言い訳は、消極性をアピールするようなもの。言い訳するなら、「その資料制作はもう少しお待ちいただけませんか」などとしましょう。

⑥「ちょうど今、やろうとしていたところです」

イラッとさせて、火に油を注ぎます。「使えない」と思われます。

⑦「うまくやれないですよ」

セルフ・ハンディキャッピングといって、あらかじめ失敗を想定して、予防線をはる逃げ技があります。「そういうの苦手なので、うまくやれないと思います」と言って、ハードルを下げる方法です。

自尊心を守るための言い訳をしすぎると、使えない部下だという烙印を押されます。

自己弁護をしよう、正当化しようという気持ちが、このような口癖を生み出してしまいます。

それに対し、成功する人は、自分を守るための言い訳をしません。「申し訳ありません。このままだと業務に差しつかえて、会社に迷惑がかかってしまうと判断してしまいました」。

このように、**あくまで仕事のため、会社のためという目的を忘れずに謝る**ことです。

成功する人は「はい」をよく使う。
失敗する人は「でも」をよく使う。

否定する意図はないのに、口癖になっている

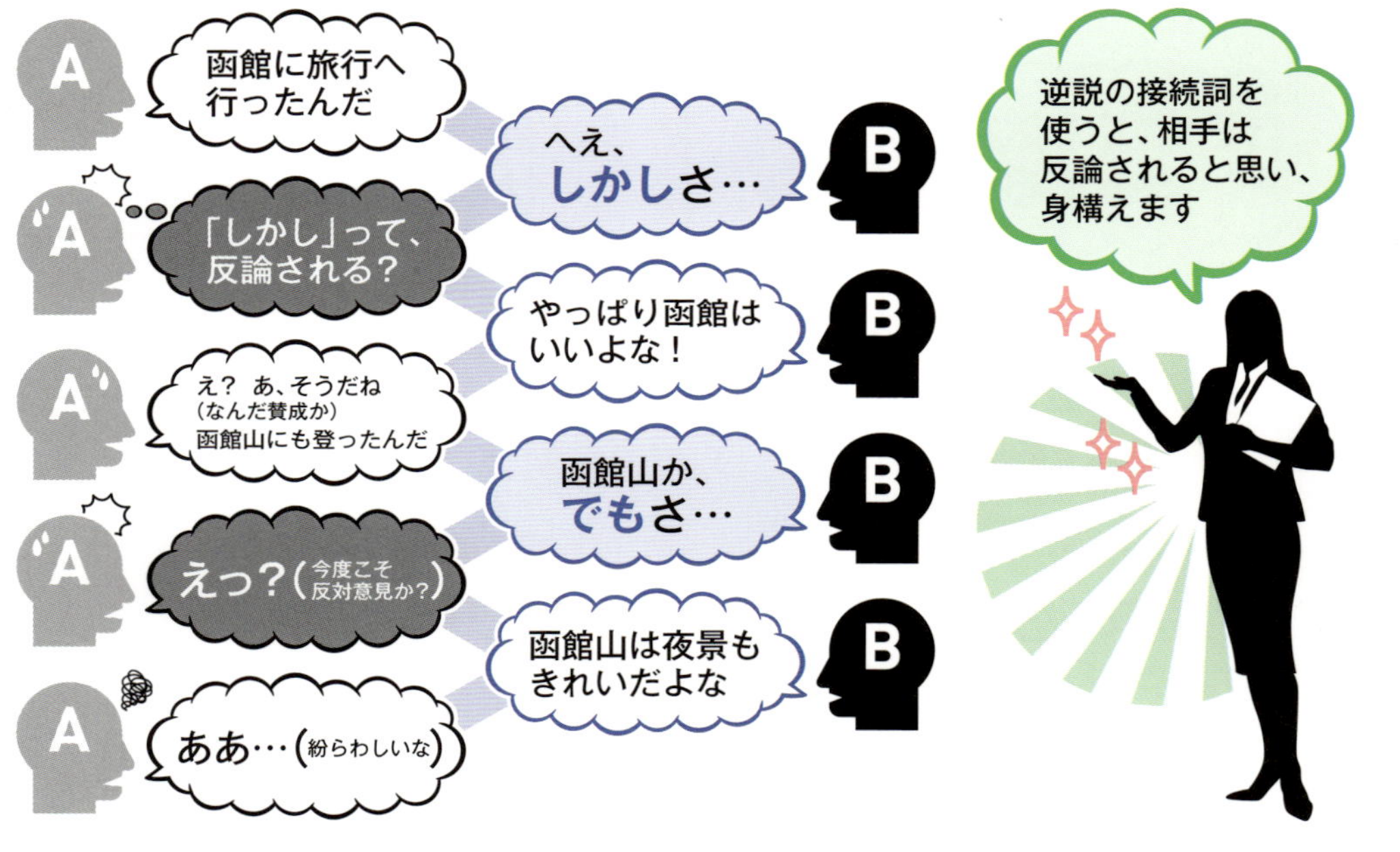
A 函館に旅行へ行ったんだ
B へえ、しかしさ…
A 「しかし」って、反論される？
B やっぱり函館はいいよな！
A え？ あ、そうだね（なんだ賛成か）函館山にも登ったんだ
B 函館山か、でもさ…
A えっ？（今度こそ反対意見か？）
B 函館山は夜景もきれいだよな
A ああ…（紛らわしいな）
逆説の接続詞を使うと、相手は反論されると思い、身構えます

否定的な口癖は嫌われる

嫌われる口癖があります。

「いや」「しかし」「でも」……。

相手の言っていることを否定しようという意図はないのに、これらの否定語を使う癖を持っている人は意外と多いです。

「函館に旅行へ行ったんだ」

「へえ、しかしさ……」

「（えっ？　しかしって、何か反論でもされるのかな？）」

「やっぱり函館はいいよな！」

「え？　あ、そうだね。（なんだ、賛成か）」

「函館のどこに行ったの？」

「函館山が好きで、登ったんだ」

「函館山か、でもさ……」

「え？（今度こそ反対意見か？）」

「函館山って夜景もきれいでいいよな」

「ああ……（紛らわしいな）」

「しかし」や「でも」などの逆説の接続詞を使うと、相手は反論されると思って身構えます。癖でやってしまう人は、注意しましょう。

「はい」で受けて話題を転換させる

例えば、お客様から「高いね!」と言われたときは、さすがに、まともには反論しないでしょう。

いわゆる、「イエスバット法」を使う営業マンが多いはずです。「高いね!」「はい、高いと思われるんですね。しかし、これだけの機能がついているのは……」。

まず、「はい、そうですね」で受け、そのあと、「しかし」と言って、自分の意見を述べるやり方です。

ただし、心理学的に言うと、これも問題があります。**「しかし」と否定の言葉を使った時点で、相手の心の中に壁ができる**からです。

相手に抵抗感を与えないためには、相手の言葉を否定しないこと。「しかし」の代わりに、「ところで」を使うのです。

「高いね!」「はい、高いと思われるんですね。ところで、これだけの機能だと、一般的には○万円ですから、かなりお安いですよ」

このように、**受け入れられないことを言われても、いったんは「はい」と受け取り、そのあと、「ところで」「そう言えば」という言葉で、話題を転換させる**のがコツです。

必見!お役立ち COLUMN

解決に向かう5つの質問で力を発揮する

「なぜ」「どうして」などの原因追求型の質問は、問題の原因を思い出させ、マイナス方向に向かわせます。それよりも、下記のような「解決に向かう質問」を習慣づけましょう。

①成功したら、得られるものは?
②そのためにやめるべきことは?
③具体的にやることは?
④もしできなければ、どう折り合いをつける?
⑤過去に成功したときに何をしたか?

心の壁をつくる否定語を使わない

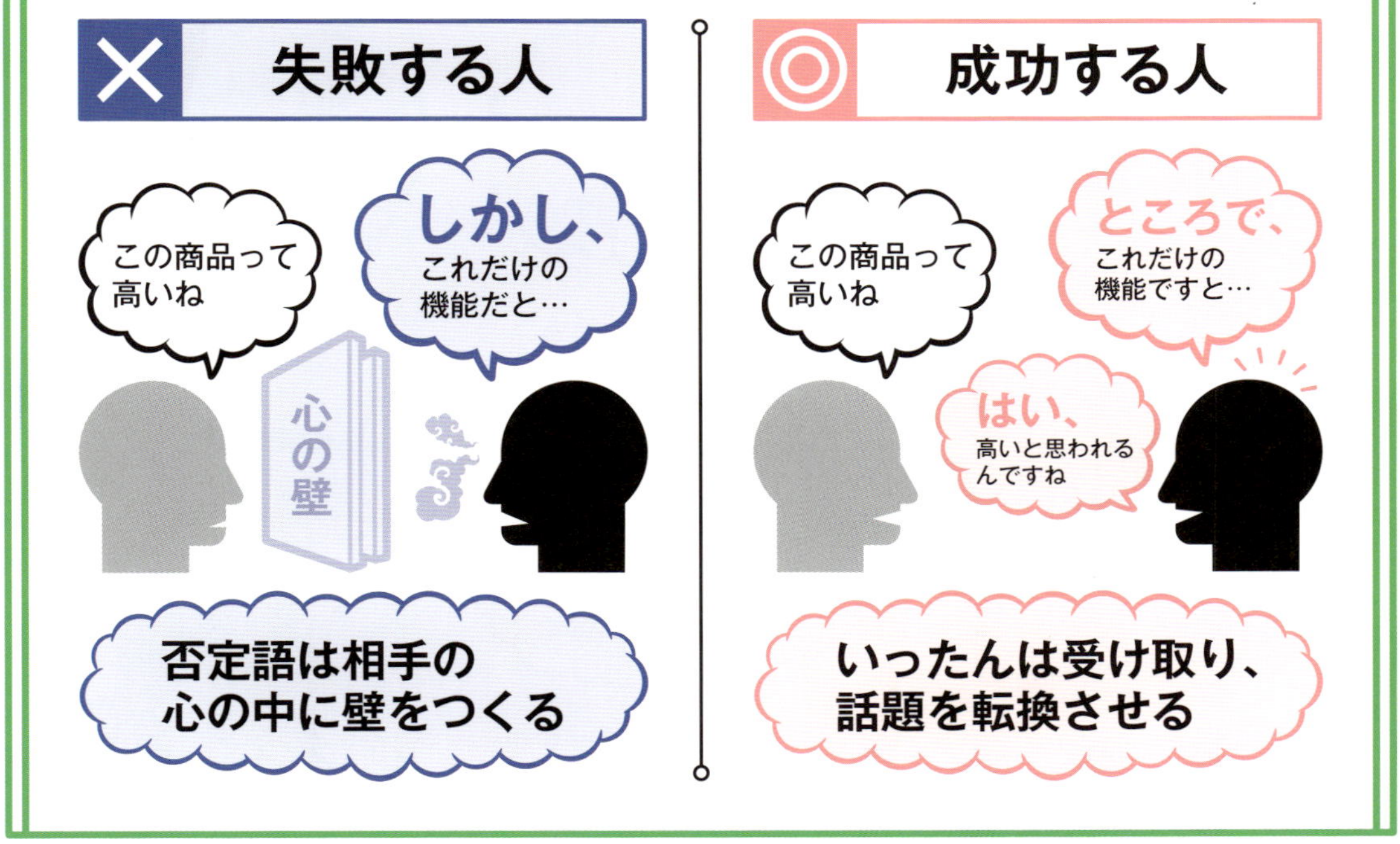
×
失敗する人
この商品って高いね
しかし、これだけの機能だと…
心の壁
否定語は相手の心の中に壁をつくる
◎
成功する人
この商品って高いね
ところで、これだけの機能ですと…
はい、高いと思われるんですね
いったんは受け取り、話題を転換させる

CHAPTER 07

The Habits of great & poor communicators

35

成功する人は「なりたい」ことを口にする。
失敗する人は「なりたくない」ことを口にする。

「○○にはなりたくない」では、目標は達成できない

目標を聞かれると、このように答えていませんか？

「貧乏にはなりたくない」

「体重80キロを超えたくない」

これらの目標設定は、あなたの潜在意識に逆効果を与えます。

潜在意識は、入力された言葉をそのままイメージに変えます。

「貧乏になりたくない」という言葉から、潜在意識は、

・自分か家族が「お金がないよ」と嘆いている

・空腹で寒さに震えている

このようなイメージをつくってしまいます。

そして、「それをやらないぞ」というイメージに移るわけですが、これが難しい。

わざわざイメージしたことをやらないようにするというのは、脳科学的に言うと不可能なのです。

「空飛ぶ白い豚をイメージしないでください」と言われても、イメージせざるをえないものです。

潜在意識は言葉をイメージに変える

何か食べ物はないかな…
お父さん、お腹空いたよ…
絶対になりたくない！
貧乏にはなりたくない！
お金が消えていく…
潜在意識は言葉をそのままイメージに変える！

「やって欲しいことだけを言う」習慣を身につける
失敗する人
10時に遅刻するな
寝坊した！
もう10時だ！
否定や禁止の言葉は「否定命令」につながる
成功する人
9時55分にはこい
おはようございます
よし、時間どおりだ
目標や指示は肯定的な言葉でする

「体重80キロを超えたくない」だと、80キロを超えた自分をイメージしてしまうのです。

「否定命令」ではなく、肯定的な言葉で指示をする

「明日の朝10時から、大事な会議だから、絶対に遅刻するなよ」。

こういった指示も同じです。

潜在意識には、「遅刻しろ」とメッセージが届くことになります。

何気なく、「あれをやるな」「これをやるな」と言っていることが、実は潜在意識に、「やれ」という命令をインストールしているのです。

これを心理学では「否定命令」と呼びます。

やって欲しくないことを他人に言うのは、すぐにやめましょう。

自分に対しても、同じです。「やって欲しくないこと」ではなく、**「やって欲しいことだけを言う」習慣を身につける**のです。

「体重80キロを超えたくない」ではなく、「体重75キロを切るようにがんばろう」。

「10時に遅刻するな」ではなく、「9時55分にはこい」。

成功する人は、肯定的な目標設定の習慣を持っています。

必見！お役立ち COLUMN

成功する人は、運気が上がる言葉を口にする

エネルギーを高めるには、運のいい人とつき合う、運気が上がる場所に行く、そして運気を上げる言葉を使うのです。

「いってきます」「いってらっしゃい」「ありがとうございます」。

失敗する人は、エネルギーが下がる言葉を不用意に使います。「疲れる」「めんどくさい」「ツイてない」。

マイナス思考にとらわれそうになったら、「ありがとうございます」で上書きしましょう。

36

成功する人は「ありがとう」と言う。
失敗する人は「すみません」と言う。

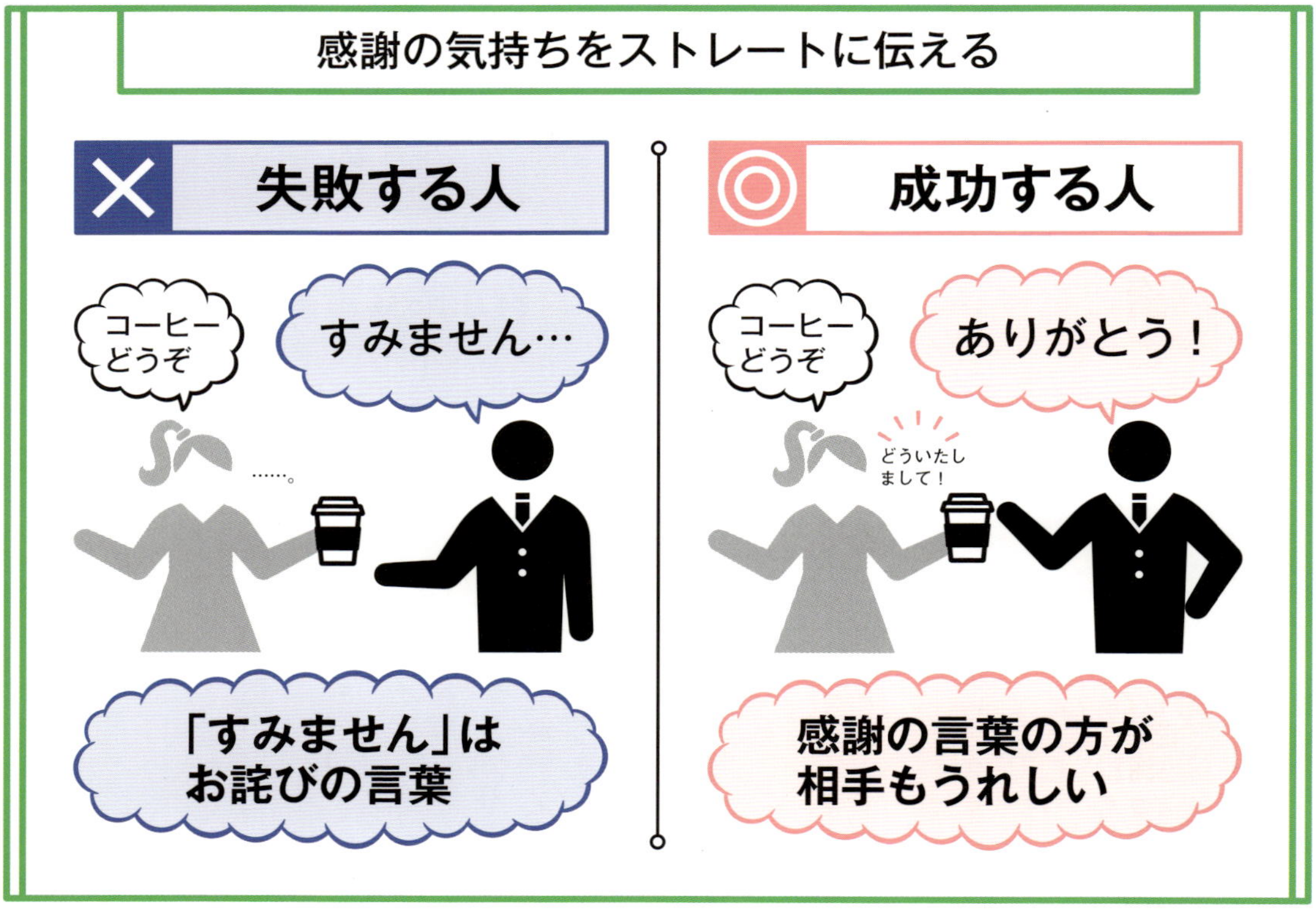
感謝の気持ちをストレートに伝える
失敗する人
コーヒーどうぞ
すみません…
……。
「すみません」は
お詫びの言葉
成功する人
コーヒーどうぞ
ありがとう！
どういたしまして！
感謝の言葉の方が
相手もうれしい

恥ずかしがらずに、感謝の気持ちはストレートに伝える

高校卒業後、上京して知り合った女性は、コミュニケーション能力も高く、尊敬していました。

そんな彼女に、アドバイスをされたことが印象に残っています。

彼女にお礼のつもりでおじぎをしながら、「あ、すみません」と言うと、彼女は、「松橋君は、何をしてあげても『すみません』って言うよね。だけど、『ありがとう』の方がうれしいよ」。

青森にいた頃、お礼を言うときは、「ありがとう」ではなく「悪いね」でした。

上京してからは、多少丁寧になり、「すみません」になったのですが、どちらもお詫びの言葉です。

一見謙虚なようですが、お詫びを言われるよりも、感謝の言葉の方が、うれしいものです。

感謝しているのに、「水くさくて言えない、気恥ずかしい」という理由から言わない人は、損をしています。

脳の構造上、男性よりも女性の方が、圧倒的に感情を読み取る力が発達しています。

男性は感情や記憶を司る部分の働きが弱く、感情表現が苦手です。

さらに、共感力も弱いため、「感謝の言葉を言われたらうれしいだろう」とか、「言われなかったら残念に思うだろう」という想像力が欠けてしまうわけです。

求めてばかりでは「ありがとう」が言えなくなる

「ありがとう」が言えない理由には、**「〜してくれていない」という不満からの場合もあります。**

人間関係がうまくいかない大きな理由は、「してくれないこと」に意識を向けてしまうことです。すると、感謝をしなくなります。

「自分をほめてくれない」
「自分を認めてくれない」
「自分をわかってくれない」
「自分を愛してくれない」

こういったことばかり言う人たちを、「くれない族」とか「クレクレ星人」と呼びます。

クレクレ星人の仲間入りをしないように、**常に「ありがとう」を口にする習慣を身につけましょう。**

話し方で成功する 3 POINT

1. 「すみません」よりも「ありがとう」の方がうれしい
2. 感謝を素直に口に出せない人は損をする
3. 「してくれない」ばかりでなく、感謝の気持ちを持とう

不満ばかりだと「ありがとう」が言えない

「してくれない」に意識を向けると、感謝しなくなってしまう！
自分を認めてくれない…
自分をわかってくれない…
自分をほめてくれない…
自分を愛してくれない…
くれない族／クレクレ星人

37

成功する人は 使命を語る。
失敗する人は 環境を語る。

使命や価値観を語る人は、成功するエネルギーがある

「この人を応援したい」と思った人には共通点がありました。

スケールが大きくてワクワクするようなビジョンを話し、使命や理念、価値観が明確なのです。

「なぜ今の仕事をやっているのですか？」

こう聞かれたときの回答で、5つのレベルに分類できます。

①環境レベルの回答

「家が近いから」「給料がいい」。

これらは、自分の環境、待遇のことだけを言っています。

②行動レベルの回答

「心理学をやりたかったので、講師をやっています」。

比較的よく聞く答えですが、これだと人を巻き込むことはできません。

③能力レベルの回答

「数字を扱うのが好きなので、税理士の仕事につきました」。

能力レベルの答えでは、「得意だから」という言葉がよく使われます。自分のことを中心に考えているため、周りを巻き込んでいく力はありません。

④価値観レベルの回答

「営業は、世の中の最前線の仕事だと思うからです」。

自分の仕事の価値を語る人には、**人を巻き込むエネルギーが宿ります。**あなたの仕事の価値を、今一度見直してみましょう。

⑤自己概念・使命レベルの回答

「人を救う力がある心理学を、多くの人に伝えたいからです」。

最上位の自己概念、使命レベルでの言葉からは、**最も大きなエネルギーが生まれます。**

一流と言われる人は、自分自身を巻き込む言葉を知っている

カリスマと言われる人や尊敬される人たちに、同じ質問をすると、価値観や使命を語り続けます。

だから、多くの人が惹きつけられます。人を動かすには、大義名分が必要です。一流と言われる人は、自分自身を巻き込む言葉を知り、常に自分に言い聞かせているから、人の心も動かせます。

「なぜ今の仕事をしているのか？」の答えを磨き上げ、そして、常に周りの人に言い続けることです。

話し方で成功する 3 POINT

1. 価値観や使命を語る人は、人を惹きつける
2. 使命レベルの言葉からは、大きなエネルギーが生まれる
3. 一流の人は、自分自身を巻き込む言葉を常に言い続ける

人の心を動かす人は、使命や理念、価値観が明確

✕ 失敗する人

Q なぜ今の仕事をやっているんですか？

環境レベルの回答

家が近いから…

それだけです

自分の都合でしか考えていない

行動レベルの回答

心理学をやりたかったので…

だから講師をやっています

人を巻き込むことはできない

能力レベルの回答

数字を扱うのが好きなので…

だから税理士になりました

自分中心の考えでしかない

◎ 成功する人

Q なぜ今の仕事をやっているんですか？

価値観レベルの回答

営業は、世の中の最前線の仕事だと思うからです！

人を巻き込むエネルギーが宿る

自己概念・使命レベルの回答

コミュニケーションで悩む人をなくしたいんです！

大きなエネルギーが生まれる

CHAPTER
07

成功する人の「口癖」編

まとめ

SUMMARY 1 話し方で成功する人は **素直に返事をする！**

SUMMARY 2 話し方で成功する人は **謝ってから言い訳をする！**

SUMMARY 3 話し方で成功する人は **否定語を使わない！**

SUMMARY 4 話し方で成功する人は **肯定的な発言をする！**

SUMMARY 5 話し方で成功する人は **「ありがとうございます」が口癖になっている！**

SUMMARY 6 話し方で成功する人は **感謝の気持ちをストレートに伝える！**

SUMMARY 7 話し方で成功する人は **夢や目標が大きい！**

嫌いな人がいなくなると、世界の明るさがまるで変わる。

若かりし頃、ある営業の達人が教えてくれました。**「人間関係の秘訣は、相手を好きになることだ」。**

当時の私にとっては、とても無理としか思えないアドバイスでした。「嫌いな人や苦手な人を好きになんてなれないですよ。生理的に嫌な人もいますから、そんなのムリですよ」。

しかし心理学を学び続けているうちに、その真意がようやく理解できるようになりました。

自分が嫌だと感じたら、間違いなくそれは相手にも伝わります。

しかし本書で紹介したコツや習慣を、無理矢理にでもやっているうちに、嫌いな人が相手でも共感ができるようになります。共感できると、多少でも好きになれる部分が現れてきます。それが伝わるから、相手も心を開くのです。

また、自分の欠点を認めて受け入れることで、**他人を受け入れられるようになり、嫌いな人がいなくなる**のです。

人生の幸福度は人間関係で決まります。

上司と部下、夫と妻、親と子供などの人間関係をより親密に築くための習慣を、本書ではたくさん紹介してきました。これらは単なる体験談ではなく、すべて心理学をベースにしています。習慣化されるまで使いこなしていくと、違う景色が見えるようになるでしょう。

コミュニケーションにもコツがあります。そのコツを知るだけで、人生が大きく変わった方をたくさん見てきました。ほんの数カ月で、まるで別人のように明るくて、ポジティブになり、活気あふれるようになります。

過去を後悔してばかりいると、自分を責め続けていることになり、自尊心レベルが低くなります。自尊心レベルが低いと、自信もないし、何をやってもうまくいかないのです。自分が嫌いになるから、他人も許せなくなり、嫌いな人が多くなります。

本書には自尊心レベルを上げるヒントがたくさんあります。**嫌いな人がいなくなると、世界の明るさがまるで変わります。**あなたが変わると、周りの人たちも変化していきます。本書を何度か読むことで、潜在意識の深い部分から変化が起きていくでしょう。そして自分を受け入れられるようになります。

ここまでお伝えしてきたことは、**人と深くつながり、愛を具体化していく技術**です。あなたの愛を周りに広げることで、世界が変わるのです。

愛を広げることで、あなたの豊かな人生につながることを心から祈っています。

PROFILE
著者略歴

The Habits of great & poor communicators

松橋良紀（まつはし よしのり）

コミュニケーション総合研究所　代表理事
コミュニケーション改善コンサルタント

1964年生まれ。青森市出身。

高校卒業後にギタリストを目指し上京。26歳で営業職に就くが、あまりに売れず、借金まみれにもなりクビ寸前になる。

30歳のときカウンセラー養成学校で心理学を学ぶと、3年間売れなかったダメダメセールスマンが、たった1カ月で全国430人中1位に変貌を遂げる。

支店長に昇格すると、社内研修講師にも任命され、全社員の営業研修も担当。1年で会社の売上を140%アップさせる。

36歳でナポレオン・ヒル財団に転職し、「目標設定講座」などの自己啓発講師を任される。

16年間で、約1万件を超える対面営業と、多くの研修を経験する。2007年に講師として独立。「すぐに成果が出る」という口コミが広がり、出版の機会を得る。

NHKで特集されたり、雑誌の取材なども多く、マスコミでも多数紹介される。コミュニケーション関連の著書17冊の著者でもある。

『あたりまえだけどなかなかできない雑談のルール』『あたりまえだけどなかなかできない聞き方のルール』『話し方で「成功する人」と「失敗する人」の習慣』（共に明日香出版社）など、ベストセラーも多い。

「コミュニケーションで悩む人をゼロにする！」を合言葉に奮闘中。

●コミュニケーション総合研究所公式HP
http://www.nlp-oneness.com/

本書の内容に関するお問い合わせ
明日香出版社　編集部
☎(03) 5395-7651

〈図解《ずかい》〉話《はな》し方《かた》で「成功《せいこう》する人《ひと》」と「失敗《しっぱい》する人《ひと》」の習慣《しゅうかん》

2016年 7月 15日　初 版 発 行

著　者　松《まつ》 橋《はし》 良《よし》 紀《のり》
発行者　石 野 栄 一

明日香出版社
〒112-0005 東京都文京区水道 2-11-5
電話 (03) 5395-7650（代 表）
(03) 5395-7654（FAX）
郵便振替 00150-6-183481
http://www.asuka-g.co.jp

■スタッフ■　編集　早川朋子／久松圭祐／藤田知子／古川創一／大久保遥／生内志穂　営業　小林勝／奥本達哉／浜田充弘／渡辺久夫／平戸基之／野口優／横尾一樹／田中裕也／関山美保子／総務経理　藤本さやか

印刷・製本　株式会社フクイン
ISBN 978-4-7569-1846-8 C2036

編集担当　久松圭祐